轮　滑

王延光　编著

吉林文史出版社

目录

第一章　轮滑运动概述

第二章　轮滑的预备技术

第三章　轮滑的基础技术

第四章　速度轮滑运动概述

第五章　速度轮滑基础

第六章　滑板运动概述

第七章　滑板运动的场地与装备

第八章　障碍滑板的基本技术和练习

第九章　花样滑板的基本技术和练习

第一章

轮滑运动概述

轮滑运动包括速度轮滑、花样轮滑、轮滑球及滑板，是 19 世纪初兴起的一项运动。由于它深受人们的喜爱及在国际轮滑联盟的努力下，近些年发展得很快，它也是被奥委会承认的运动项目之一。

世界轮滑运动的发展概况

轮滑运动是从滑冰运动过渡而来的。据资料记载，轮滑运动最早的起源可以追溯到 8 世纪，最初有位荷兰的滑冰运动员，在自然冰融化后不能继续训练的情况下，他将木线轴安在皮鞋下，试图在平坦的地面上滑行。他在不断尝试之后终于成功了，并引起了人们的兴趣，从此轮滑运动便在欧洲兴起。时间推延到 1760 年，比利时有位技工和一位乐器制造工人约瑟夫·默林，用手工制作了一双轮滑鞋，但是当他们把自己的杰作展示给伦敦入了迷的观众时，却

出现了意外事故。第二天报纸上就报道了默林的冒险行为，并给人们很大的震动。从此，轮滑运动成了一项“危险运动”，被冷落了相当长的一段时间。1800年，为了在夏天能够继续进行溜冰练习，德国人将木轮子安装在冰鞋上。最早的滚轴溜冰鞋于1818年诞生于德国柏林，很快法国巴黎的大街上也出现了滚轴溜冰，在英国这种运动被称为溜冰。这个时期，轮滑还只能直行，不能转弯，也没有制动的装置。18世纪60年代，出现了两轮（前后）溜冰的记载，但这种鞋很难控制滑行。1861年，在巴黎的世界博览会上，第一次出现了轮滑表演。到了1863年，美国人詹姆斯·普利姆普顿发明了更为适用的新型轮滑鞋，创新金属轮子代替木质轮子，滑行起来具有更多的优越性，深受各国的欢迎。他的发明为轮滑运动开展提供了物质条件，为轮滑运动在各国的蓬勃发展奠定了基础，也带来了最早的轮滑运动热潮。于是1866年，詹姆斯开办了第一个滚轴溜冰场，在纽约建造了室内轮滑场，并组织了纽约轮滑运动协会。1884年，美国人理查森和雷蒙德发明了滚珠轴承，这对改进滚轴溜冰运动的技术起到了极大的推动作用。此间，滚轴溜冰运动迅速传到欧洲各国。

1924年4月21日，德国、法国、英国和瑞士4国的11名代表相约在瑞士蒙特勒，成立了世界上最早的“国际滚轮溜冰联合会”。随着这项运动的发展，国际奥林匹克委员会正式承认了轮滑运动项目的国际联合会，从此轮滑运动在世界各国得到了广泛的开展，尤其是在欧美各国更为普及。自1936年首次在瑞士举行的世界轮滑锦标赛后，国际滚轮溜冰联合会决定，每年举行一次世界速度轮滑锦标赛（包括场地赛和公路赛）、一次世界花样轮滑锦标赛、一次世界轮滑球锦标赛。目前，美国、意大利、德国、阿根廷等国家的轮滑

运动水平，处于世界领先地位。

1952 年，国际滚轮溜冰联合会正式更名为“国际轮滑联合会”。1980 年 9 月，国际轮滑联合会第 36 次例会通过决议，正式接纳中华人民共和国轮滑协会为该联合会的正式会员。目前国际轮滑联合会共有 48 个会员协会。由于轮滑运动不受气候和条件的限制，因此迅速普及开来。

19 世纪末，轮滑运动传入我国，正式开展此项运动是在 20 世纪 80 年代初期。我国于 1980 年加入世界轮滑联合会，1985 年加入亚洲轮滑联盟，1983 年成立中国轮滑协会。

❖ 国际轮滑比赛发展史

1892 年 4 月 1 日，国际轮滑联盟在瑞士成立，使得轮滑运动向正规化、国际化发展迈出了坚实的一步。1926 年 4 月，举行了由 6 个国家参加的第一届欧洲轮滑锦标赛。1940 年 4 月 28 日，在罗马举行的第 43 届国际奥林匹克委员会会议上正式承认了轮滑项目的国

际联合会。1952 年举行了第一届世界轮滑锦标赛，当时只进行了男子项目的比赛。同年国际滚轴溜冰联合会正式改名为国际轮滑联合会（FIRS），从此轮滑运动在世界各国得到了迅猛发展。到目前轮滑联盟已发展到 98 个成员国。轮滑联盟下设三个委员会，总部现今设在美国，花样轮滑委员会设在美国的旧金山，速度轮滑委员会设在意大利的罗马，轮滑球委员会设在葡萄牙的里斯本。1992 年国际奥委会决定把轮滑球运动列入奥运会的正式比赛项目。

在亚洲，轮滑运动开展较晚，第一届亚洲轮滑锦标赛在日本冈谷举行，7 个国家参加了这次比赛。比赛项目有速度轮滑、花样轮滑，轮滑球有日本和印度两队表演。第二届亚洲轮滑锦标赛在韩国举行，比赛项目增加了轮滑球，有 9 个国家及地区参加。1989 年第三届亚洲轮滑锦标赛在中国杭州举行，这次比赛有 9 个国家和地区参加，并邀请了澳大利亚、新西兰等国家参加表演。

❖ 我国轮滑运动发展史

我国轮滑运动开展较晚，轮滑运动 19 世纪传入中国。当时仅限于沿海个别城市，只作为娱乐活动。直到 20 世纪 80 年代初期，我国才有正式比赛出现。1982 年 5 月，我国首次在上海举办了“金雀杯速度溜冰邀请赛”，10 月在北京举办了“环球杯旱冰邀请赛”。在此基础上于 1983 年 10 月在首都工人体育场举行了第一届全国轮滑锦标赛。比赛项目有速度轮滑和花样轮滑两项。

我国从 1985 年起参加国际比赛。1985 年 8 月，长春第一汽车制造厂速度轮滑代表队代表国家参加了在美国举行的男子第 16 届、女子第 13 届世界速度轮滑锦标赛。同年 10 月，哈尔滨体育学院轮滑队代表国家参加了在日本举行的第一届亚洲轮滑锦标赛。在速滑项目上，张晶敏获得了女子 300 米、1 500 米第四名，史淑花获得了女子 3 000 米第四名，颜彤丹、崔勇分别获得了男子 5 000 米、10 000 米第六名。

1987 年 10 月，在韩国举行的第二届亚洲锦标赛上，我国花样轮滑项目运动员朱烨获得了女子自由滑银牌、全能银牌；朱玮获得了男子自由滑铜牌、全能铜牌。在速滑项目上，吉林运动员孙敏、上海运动员季芳芳，分别获得了女子 3 000 米的银牌和铜牌。

我国轮滑运动虽然起步较晚，但正在接近亚洲水平。1989 年 10 月，“第三届亚洲轮滑锦标赛”在中国杭州举行。吉林运动员孙敏获得了女子 1 500 米银牌，上海运动员杨微获得了女子 3 000 米铜牌，前卫运动员陈炜权获得了男子 300 米铜牌，上海运动员叶侃骥获得了男子 1 500 米铜牌。在第三届亚洲轮滑锦标赛上，我国选手在速度轮滑项目上取得了较好的成绩。

原国家体委在 1998 年 3 月 6 日正式颁布了轮滑运动员运动技术等级标准，这项举措使我国轮滑运动的发展向科学化、正规化管理方面迈出了一大步，它鼓舞了广大的教练员和运动员，对提高轮滑运动水平起到了促进作用，同时也调动了人们参与轮滑运动的积极性。

轮滑运动的价值与发展趋势

❖ 轮滑运动的特点及其对身体的影响

轮滑运动之所以能够在很短的时间内迅速发展和普及，是因为同它本身具有的较高的运动价值及其本身的特点有着密切的关系。

轮滑运动不仅是妙趣横生、令人着迷的运动项目，而且是一种很好的交通方式，在水泥地面、柏油马路上均可滑行。滑速可快可慢，滑行可直可弯，十分灵活自如，用来上街办事、访亲会友、旅游观光、上班下班等都十分方便。

轮滑又有特殊的灵活性，在一块很小的地面上，就可以进行高度的技巧与艺术表演，因此，宾馆、商店可用来招揽生意，甚至还可以搬上舞台进行各种精彩的艺术表演。

轮滑运动还具有很好的健身价值。速度轮滑长时间巨大的身体负荷、花样轮滑极高的平衡力和技艺、轮滑球极强的对抗性等，都对人体提出了很高的要求。经常从事轮滑运动的锻炼，可不断地提高健康水平。

轮滑运动能改善和提高机体中枢神经系统的功能，提高呼吸系统、消化系统、血液循环系统等内脏器官的功能。轮滑运动还能全面、协调地发展人体的速度、力量、耐力、灵敏、柔韧等身体素质，使人头脑机智、反应灵敏、体魄强壮、精力充沛，对于青少年还有促进身体正常发育的良好作用。

轮滑运动能培养和锻炼人们勇敢、顽强、坚韧不拔、勇于拼搏的优秀品质。这些品质对青少年的健康成长，顺利完成学习和工作任务，将来担负起现代化建设的重任，都具有十分重要的意义。

❖ 轮滑运动发展趋势

近些年来，速度轮滑的比赛场上出现了单排轮，而且有取代双排轮的趋势。在我国，传统的轮滑被称作“滚轴溜冰”或“旱冰”，当时使用的器材都是双排轮，单排轮只是用于速度滑冰运动员的陆地专门性训练。由于该项运动在我国不断地扩大发展范围，一些北方城市也相继开展，同时速滑运动员也步入该项运动的行列。另外，速度轮滑运动水平的提高对器材性能的依赖性较大，近几年单排轮的使用性能又有了很大的改进，出现了新型活轴轮滑鞋。它的优点是缩短了展踝力矩，充分发挥了展踝的蹬地效果，延长了蹬地做功的时间和距离，使滑行速度大幅度地提高，因此，使用单排轮滑跟轮滑鞋的人会越来越多，运动成绩也在不断提高。由于使用两种轮的动作技术有着根本的区别，使用单排轮滑后将带来一场轮滑技术上的革命和运动水平的大幅度提高。

社会的普及面较大，为该项运动的发展创造了良好的环境。近几年，作为娱乐性和群众性活动的轮滑在我国蓬勃开展起来，人们对它的认识逐渐加深，兴趣越来越浓，轮滑场所逐年增加，参加该项活动的人数也越来越多，有些省市的中小学校也将轮滑作为一门体育课程开设，这些都将对轮滑运动的进一步发展起到重要作用。因此说，轮滑运动在我国是一个很有前途的运动项目，尤其在全

民健身运动蓬勃开展的今天，我们更加应该使其充分发展，利用轮滑运动本身特有的魅力，发挥轮滑运动的优势，为我国全民健身运动的健康发展服务。我们坚信，我国的轮滑运动在各方面有关部门的支持和努力下，在群众普及和运动竞技方面都将会出现飞速发展的局面。

轮滑运动的装备与器材

❖ 轮滑先要选好装备

轮滑运动是广大青少年热爱的一项体育运动，它不仅锻炼人的身体协调性和灵活性，还充满了挑战性，选购一双好的轮滑鞋，更会令你如虎添翼，灵活自如。

1．选购轮滑鞋应注意的问题

（1）轮子和轴承是最主要的部件，尤其是轴承的配置等级和质

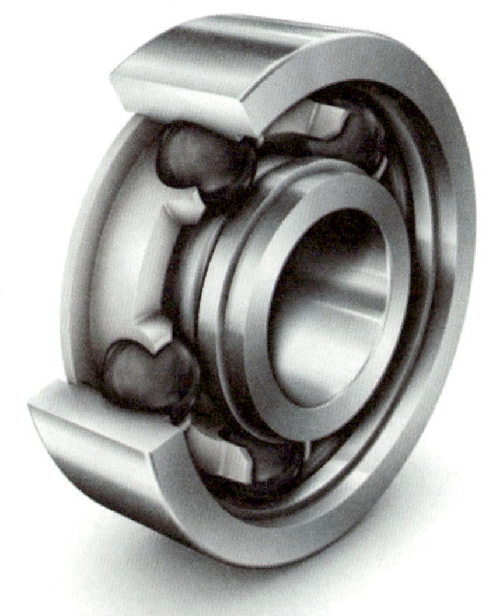

量尤为重要，要求配合紧密，转动柔和，无噪声。鞋的灵活性取决于轮子中的轴承，它的科技含量很高，好的轴承极为光滑。

（2）穿着舒适，大小松紧适度。

（3）扣带使用灵活，不易滑脱。

（4）底座应牢固，目测垂直，不偏歪。挑选鞋架子时要注意鞋帮和鞋底连接的牢靠程度，鞋架和轮板连接处要很严密，不要有任何缝隙。而轮架一定要严格位于鞋底中央，否则很难完成难度动作。可以用手轻轻转动轮子，轮子的转速要均匀，声响要细微明快，并且能持续很长时间，这才是好轴承。

（5）外观检查无损坏。

以上是对轮滑鞋的总体要求，根据项目的不同，还要有不同的选择。

2. 轮滑鞋的种类

（1）根据轮子的排列方式分为双排轮滑鞋、单排直列式轮滑鞋和其他形式的轮滑鞋。由于双排轮滑鞋滑行技巧不太好掌握，

正在被逐渐淘汰，单排直列式轮滑鞋是当前主流。

（2）根据鞋的用途单排轮滑鞋又可以分为休闲轮滑鞋、竞速轮滑鞋和特技轮滑鞋三种。

休闲轮滑鞋：强调舒适，鞋壳不能太软，以免造成脚踝扭伤。这种鞋的刀架和鞋为一体，轮子多为聚酯材料，以保证足够的弹性和抓地效果，轮子的好坏直接影响学习的效果和安全性。休闲轮滑鞋，多采用PU防滑轮，弹性好，轴承为快速轴承，滑行起来比较轻松，鞋扣也很科学，穿着方便。一双档次较低的休闲轮滑鞋，鞋身比较硬，虽防滑性稍差，但轴承速度较慢，适合初学者。

竞速轮滑鞋：为了减轻重量及充分发挥脚踝力量，鞋帮都比较矮，鞋身质地为全真皮。好的竞速轮滑鞋多没有刹车头，其特点是重心较低，以便滑行中求稳，其竞速轮的侧摩擦力较大，以便加速。

特技轮滑鞋：多采用系带加扣式，以避免在做

特技时因鞋扣松开而发生危险。底座也比休闲轮滑鞋薄，以保持较低的重心，鞋帮比较坚硬，能提供安全防护，防止剧烈冲击。一般前后轮距离比较近，以减少着地面积，减弱抓地力，因为太强的抓地力反而会造成某些特技动作失败。

一双典型的特技轮滑鞋，只有两个底轮，适合在U形池中玩耍。

❖ 轮滑鞋的结构及性能

轮滑鞋是轮滑运动员最重要的器材。随着社会的不断发展，科学技术水平的不断进步，为满足运动员竞赛的需求，近几年在轮滑用品研究方面进步很快，新产品不断出现，越来越符合该项运动的需要。

运动员使用的速度轮滑鞋，大体上是由鞋和轱辘两部分构成。

1. 鞋的结构及性能的要求

速度轮滑运动的滑行速度较快，场地比赛的弯道半径也较小，为增加向心力，要求运动员弯道滑行时向圆心内倾斜较大的幅度，因此，它需要鞋帮较硬、鞋腰稍高，以起到支撑踝关节的作用。优秀选手对鞋的要求较高，特别是在重量、性能方面要求较高。现代鞋一般采用碳纤维材料作为鞋底及鞋帮的支撑部分，用皮革等材料制作鞋里和鞋面，其重量以轻为好，性能方面要穿脱方便快捷、支撑部分牢固、便于调整位置、防潮湿、防止鞋带散乱和穿着舒适不伤脚等功能。

2. 轱辘的结构及性能的要求

轱辘的结构是由轱辘架、胶轮、轴承和轴等构成，性能上要求轱辘架轻便、美观，抗拉强度高和轮的转动部分及轮与地面的摩擦阻力小等，保证在使用时不断裂和不弯曲变形，尤其是轮子的性能和质量在某种程度上对运动员的运动成绩影响较大。

速度轮滑鞋结构:（1）鞋带;（2）鞋腰;（3）鞋舌;（4）鞋盖;（5）鞋底;（6）前紧固螺母;（7）后紧固螺母;（8）轱辘;（9）胶轮;（10）轴承和轴。

小贴士

如何选择一双适合自己双脚的轮滑鞋?

一双鞋子好或不好，首先看它的刚性强不强。要看这点的话就要从两个地方来判断：

第一，观察轮滑鞋的脚踝部分。这个地方是支撑身体重量的一个重要部位，它必须要有一定的硬度让练习者在不小心跌跤的时候，能够使脚踝和小腿维持在一个直线的状况而不会弯曲。因为弯曲的话，练习者的脚很可能就会因此而扭伤。而除了脚踝的包覆性要高以外，还要能够有活动的“关节点”。有一些轮滑鞋为了降低成本，只将关节点以“装饰”的状况“附”在轮滑鞋上面，这样便大大地降低了活动的灵敏度。

第二，观察轮滑鞋的底座部分。所谓的底座就是轮滑鞋下方装置轮子的地方。这地方因为也承受着身体大部分的重量，所以也必须要有一定的要求。但是因为底座必须要卸下轮子才可以知道是否坚固，所以一般来说还是大多以脚踝的部分做初步的判断。

穿上轮滑鞋后，脚尖和鞋尖的空隙大概要小于1厘米，和穿一般球鞋所留下的空间有些差距。因为在做轮滑运动的时候，必须要

求脚和轮滑鞋有一定的稳定度，如果空隙太大的话，双脚便没有办法有效地被固定住。

除此之外，整体穿起来的舒适度也十分重要。因为当你脚上的鞋子穿起来不舒适的时候，自然就会影响你持续学习轮滑的意愿。

小贴士

轮滑鞋的保养

1. 切勿在草地、泥地上经过，因为这样做会让碎石磨损轮滑鞋的轮子，而且沙子会跑到轴承中，需要经常清洗。

2. 下雨天尽量不要玩轮滑，因为水会让轴承生锈。

3. 轴承生锈了须买一小瓶润滑脂（机油也可）。首先用汽油把轴承里里外外彻底地清洗干净，然后把润滑脂涂抹在轴承里面的滚珠上，不用抹得太多，只要滚珠上都覆盖一层就可以。

4. 滑行频繁的话，建议两周保养一次轴承，不频繁的话，可以一个月保养一次。

5. 如果出现轴承有响声，但是转速不受影响的情况下，可以不用清洗。因为这种情况有可能是由于过度滑行或震动造成轴承自身结构发生变化产生的响声，所以这时候清洗轴承反而容易造成轴承转速大大减小，甚至是不转了。如果想要减小噪音，可以适当地涂抹点润滑脂。

❖ 运动员的服装及必须佩戴的护具

除了轮滑鞋以外，护具也是十分重要的装备。护具除了包括基本的护膝、护肘、手套外，还有安全帽和防摔裤等。在护具的选择上，我们要十分重视。因为运动伤害有的时候并不是说一受伤就可以看出来的，有可能是一段时间后才会浮现。而且对运动伤害的人来说，要完全复原更是不容易。现在你身体的健康程度是100%，但是当

你不小心受伤后就算是痊愈了，也没有办法恢复到以前的健康程度，可能只有原来的80%。所以事前的防范当然马虎不得。就护膝来说，护膝的功能在于当练习者摔跤的时候，能够将向下摔的力量加以分散，吸收受冲击时的冲量，并且形成向前滑的情形，直到渐渐地停止。而品质不良的护具，很可能在使用的时候因为没有衬垫、固定性不够好，而在使用者摔倒时没办法吸收冲力或是会因为撞击而移动，从而失去了保护的功能。

1. 服装

运动员的服装多种多样，质地、款式、花色各有不同。随着运动水平的不断提高，对服装的性能要求也越来越高，质地、款式、花色及质量要求也越来越精，以不断适应该项运动发展的需要。速度轮滑运动员的服装大体可分为两种：一种是训练服，另一种是比赛服。训练服没有特殊规定，一般要求穿脱方便及有利于完成训练内容即可；比赛服要求紧身以便减少风的阻力，但是不应影响运动员活动的灵活性。

2. 护具

运动员的护具包括手套、头盔、护肘及护膝、保护眼镜等。

（1）手套

速度轮滑运动员在比赛时，必须佩戴手套，一般要求轻便、不易脱落、耐磨损等。由于运动员滑行速度较快，常会出现摔倒

等现象，手套可以缓解手与地面的摩擦，减少伤害事故。

（2）头盔

速度轮滑运动员参加比赛时必须要戴硬壳的头盔，以保证运动员的安全。现阶段运动员使用的头盔一般是由硬塑（ABS 工程塑料）材料制成，样式较为美观，花色各异。

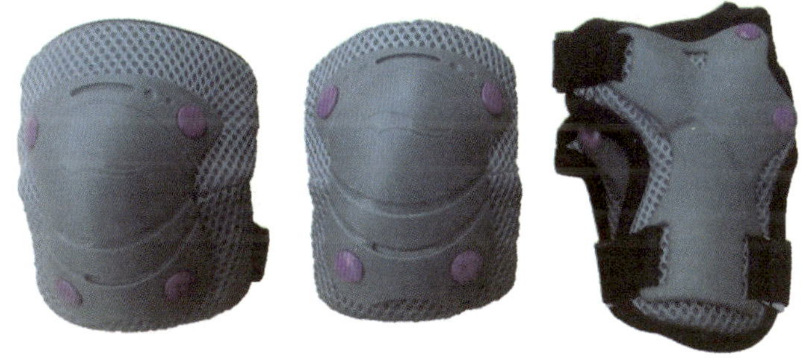

（3）护肘及护膝

护肘及护膝是为防止运动员在训练及比赛中，肘、膝部被摔伤的保护装置。运动员在比赛时必须佩戴软垫或硬壳设计的护膝及护肘。为减轻运动员装备的重量，设计者将护肘及护膝设计得更轻巧、美观、方便和实用。

（4）保护眼镜

保护眼镜是运动员用来保护眼睛的辅助器材，主要功能是防止强光和风沙对眼睛的伤害。保护眼镜具有透明度、弹性较好和不易破裂等特点。

❖ 轮滑运动的安全常识

在轮滑运动的教学与训练中，为防止和避免一些意外事故的发生，在练习中应注意如下几方面：

1. 初学者上场练习时，应穿长裤和长袖衣服，戴上护具。否则摔倒时易出现膝、肘部和手的擦伤。

2. 每次练习前，师生均应注意检查场地。如有沙石、木屑、碎纸、烟头、冰棍杆等杂物要及时清除干净，如有裂缝处要及时修补。否则快速滑行中很容易绊倒摔伤。

3. 每次上场练习前要严格检查轮滑鞋是否合乎练习要求。如有轴承损坏，底板螺丝松动、轮轴螺丝松动或脱落，鞋底撕裂等，都要仔细修理，修理妥善之后再上场练习。否则滑行中出现故障，很容易摔伤。

4. 初学者上场练习时必须采取正确的练习姿势。因轮滑鞋和轮子的安装是为了提高速度，后轮的安装较为靠前，很容易向后摔倒，因此必须注意上体的前倾和小腿的前倾，切不可在滑行中身体伸展后仰。

5. 初学者练习时还应及早地学会摔倒时的自我保护方法。在向前摔倒时应避免单臂前伸支撑；向后摔倒时应避免上体伸展抬头，要立即收腹低头，重点保护头部；向侧摔倒时，两臂紧贴身体向侧滚动。

6. 在练习场上应严禁随意追逐、打闹、横穿跑道等。在速滑跑道上严禁顺时针方向滑跑。

7. 在轮滑场上要自觉地保持地面的清洁，严禁扔果皮、烟头、冰棍杆、碎纸、绳头、空瓶子等杂物。

8. 场地应备有常用外伤药品，一旦有外伤出现要及时处理。如骨折、脑震荡等严重伤害出现时，应及时护送去医院治疗。

轮滑运动的项目分类

轮滑是一项休闲运动，但同时也是竞技项目，随着它的不断完善，已形成多项轮滑竞技项目。

轮滑运动项目主要有：双排花样轮滑、单排花样轮滑、速度轮滑（直排）、轮滑球（直排为主）、极限轮滑（街区和U形池）、轮舞、自由轮滑FSK（休闲与野街）、平地花式（速度过桩、花式过桩、平地刹停）、速降、跳高（平地、抛台）。在世界各地的参与者中，有热衷于其中一项的，也有参与其中几项的。虽说都是轮滑，但不同项目给参与者带来的感觉是不同的。

❖ 速度轮滑

以单排、双排轮滑鞋为比赛工具的竞赛项目，分场地跑道比赛和公路比赛两种。世界锦标赛场地跑道正式比赛距离为：300米计时赛，500米淘汰赛，1 000米、

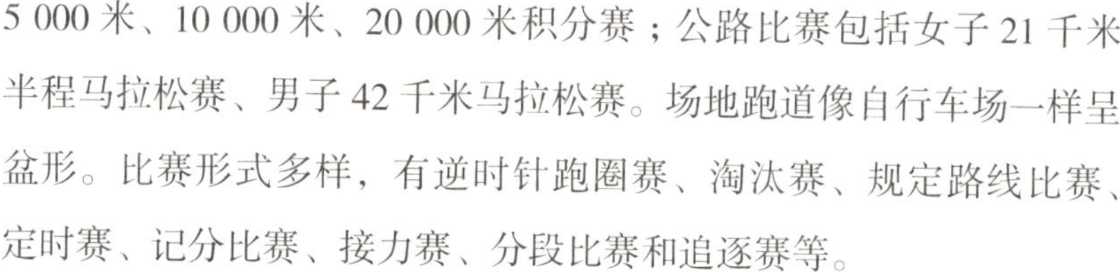

5 000 米、10 000 米、20 000 米积分赛；公路比赛包括女子 21 千米半程马拉松赛、男子 42 千米马拉松赛。场地跑道像自行车场一样呈盆形。比赛形式多样，有逆时针跑圈赛、淘汰赛、规定路线比赛、定时赛、记分比赛、接力赛、分段比赛和追逐赛等。

❖ 极限轮滑

极限轮滑也叫特技直排轮，玩极限轮滑的人被称为 Rollerblading。极限轮滑很受现在年轻人的追捧，主要分为街式和专业场地。专业场地分道具赛和半管（U 形池）。利用 U 形台做各种各样惊险、复杂的技巧表演动作，它是轮滑竞技项目中最吸引人的一项。

❖ 花样轮滑

花样轮滑分为规定图形滑、自由滑、双人滑和双人舞 4 个项目。比赛在不小于 50 米长、25 米宽的场地上进行。参赛各队每项比赛可

以参加 3 人，男女总计 12 人。根据动作的难易程度、舞姿的优美程度打分确定胜方。

花样轮滑的特点：

1. 是艺术表现类项目。花样轮滑是体育与艺术相结合的项目，它不仅要求具有高度的技巧，还要求有高度的艺术表现力和创造力。

2. 在音乐伴奏下进行。花样轮滑的整个过程必须与音乐紧密结合，并清楚深刻地表现出音乐的主题。

3. 以平衡为基础。运动员穿着轮滑鞋在地面上做跳跃、旋转、步法等各种动作，不掌握平衡是难以实现的。

4. 旋转是精髓。无论是陆地上的旋转还是空中的旋转，花样轮滑自始至终都有“转”的动作，确切地说，花样轮滑的核心是旋转。

5. 心理素质要求较高。由于花样轮滑比赛是每个人单独出场完成成套动作，因此要求选手战胜自我，发挥个人最高水平，完成高质量的动作，心理稳定性要好。

❖ 休闲轮滑

以休闲健身为目的，穿着单排轮滑鞋，在各种场地、环境中无拘无束地进行各种滑法，最主要的活动是“刷街”，慢慢滑行，浏览着街景，沐浴着阳光，呼吸着新鲜空气，身心放松。

❖ 自由式轮滑

FSK（Free Style）是一种由多种轮滑形式混合而衍生出的特殊的轮滑形式，集合了速降、休闲、刷街、花式刹车、花式跳跃、旋转等元素。大致分为野街和场地两种玩法。野街就是在刷街的过程中融入速降、花式跳跃等其他轮滑形式，使得野街的魅力无穷。场地FSK主要就是在一定的场地内花式刹停、花式旋转等，当然也有其他的轮滑形式融汇进去。FSK其中最有代表性的就是过桩（Salomon）的平地花式。不同于花样轮滑（一般是指双排轮滑），平地花式讲究过桩的足部花式技巧，同时也要有全身性的节奏感，具有非常高的观赏性。

❖ 轮滑球

轮滑球运动起源于1896年的英格兰。尽管轮滑曲棍球起源于英格兰，但这项运动在一些拉丁语系国家如西班牙、葡萄牙和阿根廷更加流行。这些国家都有职业俱乐部，如巴塞罗那、波尔图和拉科鲁尼亚，有超过5 000名的职业球员从事这项运动。轮滑球运动通过国际奥委会的承认成为世界赛事。

轮滑球是一项不直接接触球的运动，看上去像是冰球和曲棍球的结合体，打法同冰球打法相似，比赛队员穿着双排轮或单排轮进行比赛。比赛双方各上4名场上队员和一名守门员。打法同冰球打法相似，运动员脚穿轮滑鞋，手执长91～114厘米的木制球杆，在一块长22米、宽12.35米的长方形水泥质或花岗石制成的硬质地面

球场上进行比赛。运动员可以传球、运球，通过配合把球攻入对方球门得 1 分，得分多者为优胜队。球门高 1.05 米，宽 1.54 米，分置于球场两端线的中间。比赛用球形如棒球，重量为 155.925 克。每场比赛分两局进行，每局 20 分钟。

轮滑球运动的特点：

1. 技术的复杂性

轮滑球运动既要求有抢断球的快速敏捷，又要求具有速度轮滑的速度，也要求有勾球、跃起、旋转等高难复杂的花样滑的一些技术。

2. 可观赏性

由于轮滑球运动比赛竞争激烈，战术多变，因此具有很强的可观赏性。

3. 集体性

轮滑球比赛，双方有攻、有守、有接应、有配合，充分体现出其集体性。

4. 对抗性

轮滑球运动比赛场上队员之间有直接或间接的接触，对抗比较激烈。

❖ 滑板

滑板运动是轮滑运动项目之一，是运动员脚踩滑动的器材，在不同地形、地面及特定设施上，在音乐的旋律下，完成各种复杂的滑行、跳跃、旋转、翻腾等高难度动作的技巧性运动。滑板运动的动作，极其敏捷而协调、高难而惊险，具有很强的趣味性、刺激性和吸引力，深受广大青少年所喜爱。

轮滑运动的特点与健身意义

❖ 轮滑运动的特点

1．环保性

轮滑运动本身不会产生任何污染，倡导健康的环保理念，是一项时尚的健康运动。

2．健身性

轮滑是一项全身性运动，它能促进心脑血管系统和呼吸系统机能的改善和代谢作用的加强，例如，促进心脑血管系统和呼吸系统机能的改善和代谢，能增强臂、腿、腰、腹等各处肌肉的力量和身体各个关节的灵活性，特别是对人平衡能力的掌握上有很大的帮助和协调。同时，轮滑也是一项健康的有氧运动，一般来说轮滑的最大氧气消耗量（测量运动强度的基准）是跑步的90%，可以达到强化心血管和燃烧脂肪的效果。所以，也有越来越多的女孩子把轮滑作为一项改善体形，减肥塑身的运动。

3. 工具性

除了上述特性外，轮滑还具有很多体育项目所不具备的一个特性，就是它可以当作交通工具。一般情况下，在平整的路面上，轮滑都可以代步成为交通工具。当然抓地性会因路况的不同而有所不同，但基本上是没有问题的。在交通越来越拥挤的今天，轮滑已经成为一种流行和时髦的交通工具。当然，还是要提醒大家，滑着轮滑穿梭于车来人往的大街上时，一定要注意交通安全。

4. 安全性

作为一种非常受欢迎的运动，轮滑除了拥有极限运动所均有的娱乐性和刺激性外，非常重要的一个原因就是轮滑有着较强的安全性。美国麻省大学最近的研究报告中，提出了一项惊人的发现：直排轮滑鞋运动对关节所造成的冲击力较跑步对关节的冲击力低约50%。这主要是因为轮滑与跑步不一样，轮滑踏步的时候引起轮子的转动，采用聚氨酯制成的轮子的弹性对关节冲击很小，因此老年人和小孩子也适合这项运动——戴上头盔和护具，摔倒后受伤的危险性很小。

5. 经济性

作为一项简单经济的运动，大家在玩轮滑的时候除了初学时需要贮备的轮滑鞋和护具外，几乎不用再花费其他费用，这些运动器材的使用寿命也很长，无须经常更换。而且轮滑不像游泳、网球等运动那样，需要特定的运动场所，需要花费一笔价格不菲的会员费，办理会员卡进入专业场所练习等。

6. 方便性

轮滑不需要特定的运动场地，甚至有专门在公路上举办的轮滑公路赛等赛事，这些都展现出了轮滑这项运动的方便快捷性。同时，轮滑的另一大特点就是环保，既不消耗能源，也不造成环境污染。所以玩轮滑基本没有什么顾虑，只要你想玩，就没有什么可犹豫的，找到一块平整的路面就可以享受轮滑带给你的乐趣了。

7．刺激性

虽然轮滑是危险系数相对较低的一项极限运动，但这其实仅限于业余休闲的玩家来讲的，而对于极限轮滑仍是一项非常具有挑战与刺激的运动。极限轮滑主要分为街式极限轮滑和专业场地极限轮滑，而专业场地的比赛又可以分为道具赛和半管赛。这些比赛主要是做些危险动作，比如，下梯、跳台、空中动作。评委根据动作的难度和完成情况来评分，在观众大饱眼福的同时也绝对能让你体会到轮滑无与伦比的刺激性。

8．观赏性

花样轮滑最初的出现是为了进行花样滑冰的训练，所以二者的观赏性也几近相当。轮滑的另一个项目——平地花式轮滑同样极具观赏性。从事平地花式轮滑时，运动员穿轮滑鞋运用各种灵活多变的步法绕过放置在地上的障碍物，动作敏捷、灵巧，往往让观众惊叹不已，掌声不断。而速度轮滑则与跑步类似，更多注重的是速度，以至于在轮滑的三个单项中是观赏性相对较差的一项，但由于运动的高速度和高难度，使得速度轮滑看起来仍是非常精彩。

❖ 轮滑运动的健身意义

轮滑运动和其他的体育锻炼项目一样，具有极强的健身价值。轮滑运动可有效地改善和提高运动者的机体中枢神经系统功能，提高呼吸系统、消化系统、血液循环系统等内脏器官的功能，能够全面协调和综合发展人体的速度、力量、耐力、灵敏度等各方面素质，特别是对青少年的身心发展具有积极作用。参加轮滑运动锻炼能使人体各组织、器官的负荷得以增加，机体发生变化。这些变化可以加快新陈代谢，改善神经系统、心血管系统、呼吸系统等机能，促

进体质的增强。

1. 能够改善神经系统机能

人体各器官、系统的一切活动都是在神经系统的控制、调节下进行的，通过神经系统的调节，人体对内外环境产生相应的反应，保证人体生命活动的正常进行。通过参加轮滑运动能够改善神经系统对人体机能的调节作用，人体在运动时，心、肺、血液循环、呼吸等活动加强，消化系统活动减弱，而当运动停止后，心、肺、血液循环、呼吸等活动减弱，消化系统活动加强，这样使神经系统对内脏器官的调节机能得到改善，促进内脏器官与肌肉运动相适应，提高肌肉的工作能力。经常参加轮滑运动可以促进神经细胞以及细胞中树突和轴突的生长发育，促进神经细胞营养物质的合成与储存，从而提高神经纤维的再生能力。轮滑运动不仅在速度上有变化，而且旋转的方向、位置等也不断变化，这样对于机体的前庭器官和神经系统产生明显影响，刺激前庭分析器产生兴奋，同时在肌肉和神经系统的调节之间产生大量的神经冲动，建立大量的条件反射，使神经系统的反应速度及神经系统对肌肉调节的精细度得到改善。经常参加轮滑运动的人反应速度高于一般人，前庭分析器稳定性高。

2. 能改善心血管系统机能

经常参加轮滑锻炼，对心血管的形态、结构和机能都会产生不同程度的良好影响，可提高心脏功能，延缓心肌衰老。同时还能提高心脏功能。有人曾研究过缺乏锻炼者和经常锻炼者的心率和心输出量，结果发现后者明显好于前者。经常参加锻炼者安静时每分钟心跳 50~60 次，而缺乏锻炼者每分钟为 70~80 次。坚持锻炼能影响血管壁的结构，改变血管在器官内的分布；经常参加锻炼，能使心

肌收缩力增强，心容量增大；经常参加锻炼对机体的造血功能都有良好的改善作用，可提高骨髓的造血能力，同时还能提高红细胞的载氧能力。

3. 可以改善呼吸系统机能

经常参加轮滑运动，尤其是户外运动，不仅能呼吸新鲜空气，促进新陈代谢，改善氧的供应，而且能提高呼吸器官的工作能力，使呼吸器官的机能得到改善，使呼吸肌增强。经常参加锻炼，随着活动的加大，呼吸器官加倍地工作，呼吸从安静时的平和呼吸变为主动呼吸，呼吸加深，胸腔扩大，使呼吸动作幅度加大。久而久之，呼吸肌能得到改善，呼吸肌力量增大，胸围、胸腔容积扩大，呼吸差加大，增大肺通气量，从而增加肺活量。经常参加锻炼还能形成合理的呼吸方法，一般缺乏锻炼者因呼吸机能差，肺活量小，呼吸浅而短促，因此呼吸频率比经常锻炼者高 4 ～ 5 次。经常锻炼者的呼吸肌，就有较多的休息时间，不易疲劳。此外坚持锻炼，还能提高呼吸的功能，增大肺通气量，增加肺泡参与气体交换的数量，提高肺的换气量；促进肺毛细血管增多和血液循环加快，提高换气对氧的利用率。坚持锻炼能提高人体负氧能力，使人体在缺氧条件下仍能坚持工作和完成较复杂的肌肉活动。经常参加锻炼，可以提高呼吸系统的免疫机能，增强呼吸系统及机体对病菌的抵御能力，防止、减少或消除呼吸系统的疾病。

4. 能改善运动系统机能

参加轮滑运动能提高人体的平衡能力。在滑行时，不仅要保持正确的滑行姿势，花样轮滑还要做出各种旋转、跳跃等动作，要求具有很好的平衡能力。参加轮滑锻炼对骨髓有较大的刺激作用，可促进骨骼发育。据对中学生身高状况的调查，经常锻炼的学生比不经常运动的学生高 4 ～ 8 厘米。不仅如此，还能提高骨骼的坚固、耐压性。参加轮滑锻炼，既可增大关节的稳固性，又可提高关节的灵活性。参加轮滑锻炼最明显的改善就是肌肉粗化和肌肉能量物质储备水平提高，肌肉血红蛋白含量增加，毛细血管增多，结合氧的能力增强，储存营养肌糖原增加，使肌肉内物质储存水平提高。此外，经常参加锻炼，力量、速度、耐久力、灵巧性和完成动作的质量方面都超过一般人。

此外，轮滑运动受气候和场地条件的限制很小，其用具便于携带、技术容易掌握，特别是自由式轮滑，俗称“平花”“平地花式”，是一项融健身、竞技、娱乐、趣味、技巧、艺术、休闲、惊险于一体的体育运动项目，将演绎成为新时代轮滑运动的主流。轮滑运动已经呈现出越来越明显的价值与优势。

（1）轮滑运动是一项时尚的运动。现在很多城市中的年轻人在熟练掌握轮滑技术后喜欢在自己心情低落或感觉生活乏味时，穿上轮滑鞋，戴上耳机，在音乐声中体验如风般的感觉，他们的身影也为我们的城市增添了不少活力和时尚的感觉。

（2）轮滑运动提供多重健身功效。作为一项运动，轮滑可以强身健体，这是不用怀疑的。经常参加轮滑运动，除了可以增强你的心肺功能，提高身体各部分的协调性、平衡性外，还可以增强你的心理素质，尤其是对少儿，可以有效解决孩子性格上的很多问题。

（3）轮滑活动是一种社交活动。轮滑活动通常是一群轮滑爱好者聚集在一起开展的，在这样一个有着共同爱好的集体中，大家来自各行各业，年龄也各不相同，但是因为轮滑走到了一起，在活动中共同交流轮滑技术，分享快乐，从此成为生活中的好朋友，你的交际圈也因此得到扩大。

（4）轮滑运动随时随地可以开展。轮滑运动不同于其他运动项目，它不需要特定的场地，不需要什么费用，一家人或几个朋友，穿上轮滑鞋就可以一起去任何想去的地方（如风景区、其他城市等），在这个过程中既锻炼了身体，也体验了轮滑的乐趣。

（5）轮滑可以作为一种新型的交通工具。有了轮滑鞋你可以大大提高生活的节奏，从此你可以穿着轮滑鞋到任何你想去的地方领略大自然的美丽风光。它是如此小巧的交通工具，以至于你到达目的地后都不用为其支付任何停车费，只需拎起鞋子或将其装入包中。

（6）轮滑是一种环保的生活方式。如今由于公共汽车、私家车、摩托车尾气给城市造成的空气污染，环境的恶化，早已让我们头疼不已，而轮滑这种新型便捷的交通工具，却是绝对绿色环保的，而且是低投入，同时，可以让使用者得到有效的运动。

（7）轮滑运动让你的生理和心理同时得到放松。轮滑运动作为一种有氧运动，在运动过程中不仅有效释放你身体上的压力和酸痛感，同时也有效释放你心中的紧张和压力，从而放松你的身心。

（8）轮滑让你获得多重的体验。轮滑运动既可以作为一种竞技体育项目，也可以作为一种休闲娱乐活动，你所要做的仅仅是按照自己的需要去选择参与就可以了，无论你技术如何，你都可以在轮滑活动中玩得很开心很尽兴。

小贴士

轮滑健身的 7 大好处如下：

1. 大脑：锻炼平衡能力，堪称脑部平衡操。

2. 减肥：缓步持续刷街 30 分钟平均消耗热量 285 卡；间断式轮滑（1 分钟低姿冲刺 +1 分钟的直立式轻松滑）30 分钟内耗掉了 450 卡热量。

3. 关节：轮滑对关节所造成的冲击力比跑步低大约 50%。

4. 心脏：促进心脑血管系统和呼吸系统机能的改善和代谢。缓步持续轮滑 30 分钟心跳达每分钟 148 次。

5. 体形：大腿后部、臀部、下背部更有型。如果加强手臂摆动，还有助于前臂与胸部塑型。

6. 环保：既不消耗能源，也不造成环境污染。

7. 减压：轮滑的愉悦性，让你因工作紧张的神经得到放松。

第二章

轮滑的预备技术

预备练习

❖ 坐姿前后推鞋

练习目的：了解鞋和场地的性能。

动作要领：当头盔、护具和轮滑鞋穿戴完毕后，坐在椅子上，两脚平行分开，相距 15 ～ 20 厘米，在原地做两脚交替前后推动，体会 4 个轮子在脚下的位置和滚动时的感觉。

关键环节：

1. 两脚平行，鞋底部与地面平行，轮子与地面垂直。

2. 两脚前后推动成直线。

自我过关测试：在眼睛平视前方，不低头看两脚的情况下，按 1 秒钟两次的频率，两脚前后直线推动 30 ～ 40 厘米，并各完成 20 次。

❖ 坐姿左右推鞋

练习目的：了解鞋和场

地的性能。

动作要领：当头盔、护具和轮滑鞋穿戴完毕后，坐在椅子上，两脚平行分开，相距 15 ～ 20 厘米，以两鞋轮子稍内侧着地，在原地做两脚交替左右推动，体会轮子左右推动的摩擦力较大，甚至不能推移的感觉。

关键环节：

1. 两脚平行，鞋底部的轮子以稍内侧着地。

2. 两脚左右推动成直线。

自我过关测试：在眼睛平视前方，不低头看两脚的情况下，按 1 秒钟一次的频率，两脚左右直线推动 20 ～ 30 厘米，并各完成 20 次。

站立

❖ “V”型站立

练习目的：保持站立的稳定和平衡。

动作要领：两脚尖外展 40 ～ 50 度成“V”形，脚跟靠紧，上体微前倾，重心落在两脚中间。

关键环节：稳定，平衡。

练习方法：

1. 手扶双侧栏杆进行练习。

2. 手扶单侧栏杆进行

练习。

3. 在教练或同伴的扶持和保护下进行练习。

4. 独立完成。

自我过关测试：在眼睛平视前方，不低头看两脚的情况下，保持 30 秒稳定平衡，稍做移动后继续保持 30 秒。

❖ “T”形站立

练习目的：保持站立的稳定和平衡。

动作要领：两脚成“T”形靠住站立。前脚跟靠住后脚弓，上体微前倾，重心略偏于后脚。

关键环节：

1. 重心微靠后。

2. 稳定，平衡。

练习方法：

1. 手扶双侧栏杆进行练习。

2. 手扶单侧栏杆进行练习。

3. 在教练或同伴的扶持和保护下进行练习。

4. 独立完成。

自我过关测试：在眼睛平视前方，不低头看两脚的情况下，保持 30 秒稳定平衡，稍做移动后继续保持 30 秒。

❖ 平行站立

练习目的：保持站立的稳定和平衡。

动作要领：两脚平行分开稍窄于肩，脚尖稍内扣，膝部微屈，重心落在两脚中间。如果练习者是穿单排轮滑鞋做此练习，则还要注意站立时两脚略向内倾，以利于保持稳定。

关键环节：稳定，平衡。

练习方法：

1. 手扶双侧栏杆进行练习。

2. 手扶单侧栏杆进行练习。

3. 在教练或同伴的扶持和保护下进行练习。

4. 独立完成。

自我过关测试：在眼睛平视前方，不低头看两脚的情况下，保持 30 秒稳定平衡，稍做移动后继续保持 30 秒。

非滑行技术

❖ 初级预备姿势

练习目的：保持站立和练习动作的稳定和平衡。

动作要领：上体微前倾，两手放于胸腹的侧前部，膝关节弯曲，小腿微前倾，脚踝呈约80度角。全身自然放松，两脚间距20～25厘米，身体重心落在两脚之间（稍靠前）。

关键环节：

1. 重心稍靠前。
2. 稳定，平衡。

练习方法：

1. 手扶双侧栏杆进行练习。
2. 手扶单侧栏杆进行练习。
3. 在教练或同伴的扶持和保护下进行练习。
4. 独立完成。

自我过关测试：在眼睛平视前方，不低头看两脚的情况下，保持30秒稳定平衡，稍做移动后继续保持30秒。

❖ 站立前后推鞋

练习目的：控制重心，了解鞋和场地的性能。

动作要领：手扶栏杆或在教练的扶持和保护下，两脚相距15～20厘米平行开立，在原地做两脚交替前后推动，体会4个轮子在脚下的位置和滚动时的感觉。

关键环节：

1. 两脚平行，鞋底部与地面平行，轮子与地面垂直。

2. 两脚前后推动成直线。

练习方法：

1. 手扶双侧栏杆进行练习。

2. 手扶单侧栏杆进行练习。

3. 在教练或同伴的扶持和保护下进行练习。

4. 独立完成。

自我过关测试：在眼睛平视前方，不低头看两脚的情况下，按1秒钟两次的频率，两脚前后直线推动40～50厘米，并各完成20次。

❖ 站立左右推鞋

练习目的：控制重心，了解鞋和场地的性能。

动作要领：手扶栏杆或在教练的扶持下，两脚相距15～20厘米平行开立，以两鞋轮子的稍内侧着地，在原地做两脚交替前后推动，体会轮子左右推动的摩擦力较大，甚至不能推移的感觉。

关键环节：

1. 两脚平行，鞋底部的轮子以稍内侧着地。

2. 两脚左右推动成直线。

练习方法：

1. 手扶双侧栏杆进行练习。

2. 手扶单侧栏杆进行练习。

3. 在教练或同伴的扶持和保护下进行练习。

4. 独立完成。

自我过关测试：在眼睛平视前方，不低头看两脚的情况下，按 1 秒钟一次的频率，两脚左右直线推动 20 ～ 30 厘米，并各完成 20 次。

❖ 向前滑行的基本预备姿势

练习目的：为掌握向前滑行技术打下基础。

动作要领：上体微前倾，膝关节弯曲，约 140 度角，小腿微前倾，脚踝呈约 70 度角。全身自然放松，两脚间距 20 ～ 25 厘米，身体重心落在两脚之间（稍靠前）。为了帮助将身体重心向前移出身体之外，也可以将两臂后抬起，掌心朝后。

关键环节：为在整个滑行的过程中保持身体重心靠前，必须遵循“三个对地投影点超前”原则，即保持膝关节对地面投影点向前超出脚尖

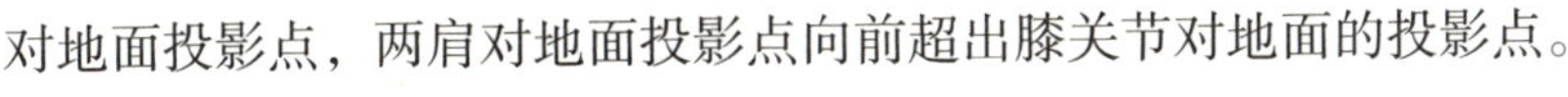
对地面投影点，两肩对地面投影点向前超出膝关节对地面的投影点。

练习方法：

1. 手扶双侧栏杆进行练习。

2. 手扶单侧栏杆进行练习。

3. 在教练或同伴的扶持和保护下进行练习。

4. 独立完成。

自我过关测试：在眼睛平视前方，不低头看两脚的情况下，保持 30 秒稳定平衡，稍做移动后继续保持 30 秒。

❖ 向后滑行的基本预备姿势

练习目的：为掌握向后滑行技术打下基础。

动作要领：上体微后仰，膝关节弯曲约150度角，脚踝呈约80度角。全身自然放松，两脚间距20～25厘米，脚尖稍内扣，身体重心落在两脚之间（稍靠后）。

关键环节：为在整个滑行的过程中保持身体重心靠后，我们必须遵循“三个对地投影点后置”原则，即保持臀部对地面投影点向后超出脚跟对地面投影点，两肩对地面投影点向后超出臀部对地面投影点。

练习方法：

1. 手扶双侧栏杆进行练习。

2. 手扶单侧栏杆进行练习。

3. 在教练或同伴的扶持和保护下进行练习。

4. 独立完成。

自我过关测试：在眼睛平视前方，不低头看两脚

的情况下，保持 30 秒稳定平衡，稍做移动后继续保持 30 秒。

❖ 原地蹲起

练习目的：控制重心，体会重心的上下移动。

动作要领：由基本预备姿势开始，两脚相距 5 ～ 10 厘米平行开立，上体前倾，腰背部放松，含胸收腹，两臂自然下垂或背于腰后，眼看前方 4 ～ 5 米处，重心落在两脚中间，逐渐弯曲膝关节。当膝关节弯曲至最低点后，保持 1 ～ 2 秒钟，然后两腿蹬伸起立，恢复基本预备姿势。

关键环节：

1. 两脚平行，鞋底部与地面平行，轮子与地面垂直。
2. 膝关节弯曲至最低点。
3. 稳定，平衡。

练习方法：

1. 手扶栏杆进行练习。
2. 在教练或同伴的扶持和保护下进行练习。
3. 由基本预备姿势开始独立完成。
4. 逐渐加大蹲起的幅度。

自我过关测试：稳定、平衡，在保持轮子没有滚动的情况下，完成最大幅度的原地蹲起 20 次。

❖ 原地左右移动重心

练习目的：控制重心；体会重心的左右移动。

动作要领：由基本预备姿势开始，两脚相距 5 ～ 10 厘米平行开立或成“V”形，两眼看向前方 4 ～ 5 米处，上体微前倾，腰背部放

松，含胸收腹，两臂自然下垂或背于腰后，重心落在两脚中间，然后逐渐将重心移至一脚，另一脚帮助维持平衡，保持 1 ～ 2 秒钟后回复预备姿势。当离地脚放下时，要注意 4 个轮子同时着地。以同样的方法将重心移向另一侧并保持 1 ～ 2 秒钟后，再回复预备姿势。

关键环节：

1. 两脚平行，鞋底部与地面平行，轮子与地面垂直。

2. 膝关节微屈。

3．稳定，平衡。

练习方法：

1．手扶栏杆进行练习。

2．在教练或同伴的扶持和保护下进行练习。

3．由基本预备姿势开始独立完成。

4．逐渐加大重心移动的幅度。

自我过关测试：在左腿的帮助下，右腿支撑重心并保持 15 秒，然后重心移向左腿，在右腿的帮助下，左腿支撑重心并保持 15 秒。

❖ 原地左右脚尖转换重心

练习目的：控制重心，体会重心的左右移动，单腿支撑重心。

动作要领：由基本预备姿势开始，两脚相距 5 ～ 10 厘米平行开立或成“V”形，两眼看前方 4 ～ 5 米处，上体微前倾，腰背部放松，含胸收腹，两臂自然下垂或背于腰后，重心落在两脚中间。逐渐将重心移至一脚，另一脚以 4 个轮子同时离开地面的方式抬起，并保持鞋底部始终与地面平行，1 ～ 2 秒钟后回复预备姿势。当离地脚放下时，要注意 4 个轮子同时着地。然后再以同样的方法将重心移向另一脚，保持 1 ～ 2 秒钟后再回复预备姿势。

关键环节：

1．两鞋底部始终与地面平行，轮子与地面垂直。

2．膝关节微屈。

3．稳定，平衡。

练习方法：

1．在教练或同伴的扶持和保护下进行练习。

2．由基本预备姿势开始独立完成。

3. 逐渐加大重心移动的幅度。

自我过关测试：在左腿抬起的情况下，右腿在轮子没有滚动的情况下，支撑重心并保持15秒（穿双排轮滑鞋练习时）或3秒（穿单排轮滑鞋练习时）。然后重心移向左腿，在右腿抬起的情况下，左腿在轮子没有滚动的情况下支撑重心并保持15秒（穿双排轮滑鞋练习时）或3秒（穿单排轮滑鞋练习时）。

❖ 原地抬腿

练习目的：控制重心，体会单腿支撑。

动作要领：由基本预备姿势开始，两眼看前方4～5米处，逐渐将重心移至一脚，另一脚以膝关节上提，4个轮子同时离开地面的方式抬起，并保持鞋底始终与地面平行。1～2秒钟后回复预备姿势。当离地脚放下时，要注意4个轮子同时着地。然后再以同样的方式将重心移向另一侧，提膝抬起另一条腿，保持1～2秒钟后再回复预备姿势。

关键环节：

1. 鞋底始终与地面平行，轮子与地面垂直。
2. 支撑腿膝关节微屈。
3. 抬腿至与地面平行或更高。
4. 稳定，平衡。

练习方法：

1. 在教练或同伴的扶持和保护下进行练习。
2. 由基本预备姿势开始独立完成。
3. 逐渐加大抬腿的高度。

自我过关测试：在左腿抬起，大腿与地面平行或更高的情况下，右腿在轮子没有滚动的情况下支撑重心并保持 2 ～ 3 秒（穿双排轮滑鞋练习时）或 1 ～ 2 秒（穿单排轮滑鞋练习时）。然后重心移向左腿，在右腿抬起的情况下，左腿在轮子没有滚动的情况下支撑重心并保持 2 ～ 3 秒（穿双排轮滑鞋

练习时）或 1 ～ 2 秒（穿单排轮滑鞋练习时）。

❖ 左右跨步移动

练习目的：控制重心，体会侧向移动。

动作要领：由基本预备姿势开始，重心移至左腿，右腿以抬膝、脚“平抬平落”的方式向右侧跨 30 ～ 50 厘米，迅速将重心移至右腿，左腿以同样的方式向右并靠一步，并支撑重心。如此反复向右侧移动 5 ～ 10 步，然后向左侧移动。

关键环节：

1. 鞋底始终与地面平行，轮子与地面垂直。
2. 支撑腿膝关节微屈。
3. 脚落地后能够迅速支撑重心。
4. 稳定，平衡。

练习方法：

1. 在教练或同伴的扶持和保护下进行练习。

2. 由基本预备姿势开始独立完成。

3. 逐渐加大重心移动的幅度。

自我过关测试：

1. 在保持鞋底与地面平行，轮子与地面垂直并没有滚动的情况下，能够向左右移动 10 大步。

2. 能够随时且自如地变换跨步的方向。

❖ 向前踏步移动

练习目的：控制重心，体会向前移动。

动作要领：由基本预备姿势开始，重心移至左腿，右腿以抬膝、脚“平抬平落”的方式向前踏出 10 ～ 15 厘米，落地后迅速将重心移至右腿，同时，左腿以同样的方式向前踏出一小步落地并支撑重心。

关键环节：

1. 鞋底始终与地面平行，轮子与地面垂直。

2. 支撑腿、膝关节弯曲并放松。

3. 脚落地后能够迅速支撑重心。

4. 落脚的距离以落地脚的脚跟向前不超过支撑脚的足弓为准，并迅速将重心移到落地脚上。

练习方法：

1. 在教练或同伴的扶持和保护下进行练习。

2. 由基本预备姿势开始独立完成。

3. 逐渐加快向前踏步的频率，但步幅不要加大。

自我过关测试：在保持鞋底与地面平行、轮子与地面垂直并没有滚动的情况下，能够以每秒两步或更快的速度向前小步幅踏步。

❖ 向后踏步移动

练习目的：控制重心，体会向后移动。

动作要领：由向后滑行的基本预备姿势开始，重心移至左腿，右腿以抬膝、脚“平抬平落”的方式向后踏出 10 ～ 15 厘米，即右脚的脚尖落放在左脚的足弓附近。落地后迅速将重心移至右腿，同时，左腿以同样方式向后踏出一小步，落地并支撑重心。

关键环节：

1. 鞋底始终与地面平行，轮子与地面垂直。
2. 支撑腿的膝关节弯曲并放松。
3. 当脚落地时能够迅速支撑重心。
4. 落脚的距离以落地脚的脚尖向后不超过支撑脚的足弓为准，并迅速将重心移到落地脚上。

练习方法：

1. 在教练或同伴的扶持和保护下进行练习。
2. 由基本预备姿势开始独立完成。
3. 逐渐加快向后踏步的频率，但步幅不要加大。

自我过关测试：在保持鞋底与地面平行、轮子与地面垂直并没有滚动的情况下，能够以每秒两步或更快的速度向后小步幅踏步。

第三章

轮滑的基础技术

被动滑行

❖ 牵引或推动双脚向前滑行

练习目的：控制和稳定重心，体会双脚向前滑行的感觉。

动作要领：滑行者由基本预备姿势开始，两脚平行站立，身体重心的位置保持固定，全身放松，在被动向前滑行的状态中，体会滑行时的感觉和重心调整的方法。牵引者应握住滑行者的双手向前牵引滑行者（或双手扶滑行者的髋部向前推滑行者），要注意施力应柔和，并保护和帮助其滑行。

关键环节：

1. 鞋底始终与地面平行，轮子与地面垂直。
2. 保持身体前倾、重心靠前和重心的稳定。

3. 两眼平视前方。

练习方法：

1. 在滑行者保持正确滑行姿势和技术的前提下，逐渐加大牵引或推动的力量，使滑行速度逐渐加快。

2. 当滑行达到一定速度后，牵引或推动者放开手，让滑行者利用惯性向前滑行一段距离。

自我过关测试：在保持鞋底部与地面平行、轮子与地面垂直及牵引或推动者放手的情况下，能够向前惯性滑行 10 米。

❖ 牵引或推动单脚向前滑行

练习目的：控制和稳定重心，体会单脚向前滑行的感觉。

动作要领：滑行者由被动双脚向前滑行开始，逐渐将重心移到左脚，右脚抬起，置于左脚后方，成被动左脚滑行。然后回到被动双脚向前滑行状态，将重心移向右脚，左脚抬起，置于右脚后方，成被动右脚滑行。牵引者应握住滑行者的双手向前牵引滑行者（或双手扶滑行者的髋部向前推滑行者），要注意施力应柔和，并保护和帮助其滑行。

关键环节：

1. 滑行脚鞋底始终与地面平行，轮子与地面垂直。

2. 支撑腿的膝关节弯曲并放松。

3. 保持身体前倾、重心靠前和重心的稳定。

4. 两眼平视前方。

练习方法：

1. 在滑行者保持正确滑行姿势和技术的前提下，逐渐加大牵引或推动的力量，滑行速度逐渐加快。

2. 当滑行达到一定速度后，牵引或推动者放开手，让滑行者利用惯性向前滑行一段距离。

自我过关测试：在保持鞋底与地面平行、轮子与地面垂直及牵引或推动者放手的情况下，能够单脚向前惯性滑行 2 米。

❖ 推动双脚向后滑行

练习目的：控制和稳定重心，体会双脚向后滑行的感觉。

动作要领：滑行者由向后滑行的基本预备姿势开始，两脚平行站立，身体重心的位置保持固定，在全身放松的状态中体会滑行时的感觉和重心调整的方法。推动者双手扶滑行者的肩部，施力柔和地推滑行者，并保护和帮助其滑行。

关键环节：

1. 鞋底始终与地面平行，轮子与地面垂直。

2. 保持重心的后置和重心的稳定。

3. 两眼平视前方或转头向后看（不要低头看脚）。

练习方法：

1. 在滑行者保持正确滑行姿势和技术的前提下，逐渐加大推动的力量，使滑行速度逐渐加快。

2. 当滑行达到一定速度后，推动者放开手，让滑行者利用惯性向后滑行一段距离。

自我过关测试：在保持鞋底与地面平行、轮子与地面垂直及推动者放手的情况下，能够向后惯性滑行 5 米。

❖ 推动单脚向后滑行

练习目的：控制和稳定重心，体会单脚向后滑行的感觉。

动作要领：滑行者由被动双脚向后滑行开始，逐渐将重心移到左脚，右脚抬起，置于左脚后方，成被动左脚滑行。然后回到被动双脚向后滑行状态，将重心移向右脚，左脚抬起，置于右脚后方，成被动右脚滑行。推动者双手扶滑行者的肩部，施力柔和地推滑行者，并保护和帮助其滑行。

关键环节：

1. 滑行脚鞋底始终与地面平行，轮子与地面垂直。

2. 支撑腿的膝关节弯曲并放松。

3. 保持重心的后置和重心的稳定。

4. 两眼平视前方或转头向后看（不要低头看脚）。

练习方法：

1. 在滑行者保持正确滑行姿势和技术的前提下，逐渐加大推动的力

量，使滑行速度逐渐加快。

2. 当滑行达到一定速度后，推动者放开手，让滑行者利用惯性向后滑行一段距离。

自我过关测试：在保持鞋底与地面平行、轮子与地面垂直及推动者放手的情况下，能够单脚向后惯性滑行 1 米。

基础滑行

❖ 主动向前双脚滑行

练习目的：控制和稳定重心，体会蹬地后双脚向前滑行的感觉。

动作要领：由向前滑行基本预备姿势开始，腿支撑重心，在右移重心的同时，左脚向左后方向以“平推”的方式蹬地后，迅速提膝抬脚再平落至右脚旁边，成两脚间距略窄于肩宽的平行开立，向前滑行一段距离。然后将重心移向右腿，以与左侧同样的方法完成右脚蹬，再双脚向前滑行一段距离。

关键环节：

1. 除蹬地腿用力蹬地这一较短的过程用轮子内侧以外，滑行脚鞋底始终与地面平行，轮子与地面垂直。

2. 蹬地腿的蹬地方向是侧后方。

3. 蹬地是以所有轮子全部着地，向侧后方“平推”的方式侧蹬。

4. 蹬地结束后，蹬地腿要以“提膝”的方式向前提拉，并向下以“平落”的方式“踏”放。

练习方法：

1. 蹬地力量和蹬伸距离由小渐大，滑行速度由慢渐快。

2. 练习到一定的程度后，可在双腿支撑的滑行过程中，将重心移向一侧腿后再还原到两腿对称支撑重心，再向另一侧腿移动重心。

自我过关测试：一次蹬地后双腿支撑向前稳定滑行的距离为 5 米，并能在双腿支撑滑行的过程中随意将重心移向任意一条腿上，在另一条腿的帮助下稳定地滑行 3 米。

❖ 主动向后双脚滑行

练习目的：控制和稳定重心，体会蹬地后双脚向后滑行的感觉。

动作要领：由向后滑行基本预备姿势开始，左腿支撑重心，左腿向左前方向以“平推”的方式蹬地后，迅速抬膝抬脚再平落至右脚旁边，成两脚间距略窄于肩宽的平行开立，向后滑行一段距离。然后将重心移向右腿，以与左侧同样的方法完成右脚蹬地，再双脚向后滑行一段距离。

关键环节：

1. 除蹬地腿用力蹬地这一较短的过程用轮子内侧以外，滑行脚鞋底始终与地面平行，轮子与地面垂直。

2. 蹬地腿的蹬地方向是

侧前方。

3. 蹬地是以所有轮子全部着地向侧前方“平推”的方式侧蹬。

4. 蹬地结束后，蹬地腿要以“抬膝”的方式向后摆动，并向下以“平落”的方式“踏”放。

练习方法：

1. 蹬地力量和蹬伸距离由小渐大，滑行速度由慢渐快。

2. 练习到一定的程度后，可在双腿支撑的滑行过程中，将重心移向一侧腿后再还原到两腿对称支撑重心，再向另一侧腿移动重心。

自我过关测试：

一次蹬地后双腿支撑向后稳定滑行的距离为 3 米，并能在双腿支撑滑行的过程中随意将重心移向任意一条腿上，在另一条腿的帮助下稳定地滑行 1 米。

❖ 主动向后双“S”形滑行

练习目的：控制和稳定重心，体会双脚同时蹬地向后滑行技术。

动作要领：由向后滑行基本预备姿势开始，重心落在两腿之间，两腿同时向侧前方向以“平推”的方式蹬地，向后滑行一段距离后，双脚后跟用力向内侧扭靠并回收靠拢，然后重复上述动作蹬地向后滑行。

关键环节：

1. 除蹬地腿用力蹬地过程用轮子内侧以外，向后滑行时，滑行脚鞋底始终要与地面平行，轮子与地面垂直。

2. 蹬地腿的蹬地方向是侧前方。

3. 两腿及脚的用力和动作要对称。

练习方法：蹬地力量和蹬伸距离由小渐大，滑行速度由慢渐快。

自我过关测试：

脚尖向内侧的蹬地过程和脚跟的收靠过程对称，滑行时两脚的轨迹一致，保持较大的蹬腿幅度，收靠动作稳定，能连续滑行 1.5 米以上。

❖ 向前单蹬单滑

练习目的：发展单腿向前惯性滑行能力。

动作要领：由基本预备姿势开始，左脚正对前方，右脚横置于左脚跟后方，成重心落在右脚的“T”形站立。重心前移至左脚，右脚向后蹬地，提膝抬脚收于左脚后方，由左脚单脚向前滑行一段距离。然后右脚平落，依上述方法再次蹬地，左脚继续向前滑行。如此反复练习后，交换滑行脚，成左脚蹬地、右脚向前滑行。

关键环节：

1. 除蹬地腿用力蹬地这一较短的过程用轮子内侧以外，滑行脚底始终与地面平行，轮子与地面垂直。

2. 蹬地脚落地时，重心要移至蹬地脚上，此时滑行脚稍抬起。

3. 蹬地是以所有轮子全部着地向侧后方“平推”的方式侧蹬。

4. 滑行脚的落地要向下以“平落”的方式“踏放”。

练习方法：蹬地力量和蹬伸距离由小渐大，滑行速度由慢渐快。

自我过关测试：

每次蹬地后，能够稳定地向前滑行 1 米以上，并且动作连贯有节奏。

❖ 向后单蹬单滑

练习目的：发展单腿向后惯性滑行能力。

动作要领：由向后滑行的基本预备姿势开始，左脚正对后方，右脚脚尖内扣，横置于左脚尖前，成重心落在右脚的“T”形站立。重心后移至左脚，右脚向前蹬地后，以“提膝”的方式收于滑行的左脚后方但不落地，由左脚单脚向后滑行一段距离。然后右脚平落于左脚尖前，依上述方法再次蹬地，左脚继续向后滑行。如此反复练习后交换滑行脚，成左脚蹬地，右脚向后滑行。

关键环节：

1. 除蹬地腿用力蹬地这一较短的过程用轮子内侧以外，滑行脚鞋底始终与地面平行，轮子与地面垂直。

2. 蹬地腿蹬地时，重心要落在蹬地脚上，此时滑行腿稍抬起。

3. 蹬地要以所有轮子全部着地向侧前方“平推”的方式侧蹬。

4. 滑行脚的落地要向下以“平落”的方式“踏放”。

练习方法：蹬地力量和蹬伸距离由小渐大，滑行速度由慢渐快。

自我过关测试：

每次蹬地后，能够稳定地向后滑行 0.5 米以上，并且动作连贯有节奏。

❖ 向前交替蹬、滑

练习目的：形成正确的向前蹬、滑技术，为提高技能打下基础。

动作要领：由基本预备姿势开始，左腿支撑重心，在右移重心的同时，左脚向左后方向以“平推”的方式蹬地后，迅速以“提膝”的方式收于右脚后方，由右脚单脚向前滑行一段距离。然后，右脚以内侧轮向右后方蹬地，左脚以脚尖向左前“平落”并支撑重心，单脚向前滑行。

关键环节：

1. 除蹬地腿用力蹬地这一过程用轮子内侧以外，滑行脚鞋底始终与地面平行，轮子与地面垂直。

2. 蹬地腿的蹬地方向是侧后方。

3. 蹬地是以所有轮子全部着地向侧后方“平推”的方式侧蹬。

4. 蹬地结束后，蹬地腿要以“提膝”的方式向前提拉，再向下以“平落”的方式“踏放”。

练习方法：蹬地力量和蹬伸距离由小渐大，滑行速度由慢渐快。

自我过关测试：

每次蹬地后，能够稳定地向前滑行1米以上，并且动作连贯有节奏。

❖ 向后交替蹬、滑

练习目的：形成正确的向后蹬、滑技术，为提高技能打下基础。

动作要领：由向后滑行基本预备姿势开始，左腿支撑重心，在向右移重心的同时，左脚向左前方向以“平推”的方式蹬地后，迅速以“提膝”的方式收至右脚后方或侧方，由右脚单脚向后滑行一段距离。然后，右脚以内侧轮向右前方蹬地，左脚尖内扣“平落”并支撑重心，单脚向后滑行。

关键环节：

1. 除蹬地腿用力蹬地这一过程用轮子内侧以外，滑行脚鞋底始终与地面平行，轮子与地面垂直。

2. 蹬地腿的蹬地方向是侧前方。

3. 蹬地是以所有轮子全部着地向侧前方“平推”的方式侧蹬。

4. 蹬地结束后，蹬地腿要以“提膝”的方式向后摆动，再向下以“平落”的方式“踏放”。

练习方法：蹬地力量和蹬伸距离由小渐大，滑行速度由慢渐快。

自我过关测试：每次蹬地后，能够稳定地向后滑行 0.5 米以上，并且动作连贯，有节奏。

转弯

❖ 向前惯性转弯

练习目的：向前滑行过程中转弯。

动作要领：在向前滑行达到一定速度时，两脚平行，相距 30～40 厘米，两膝微屈，如向左转弯时，右脚略靠前，重心落在两脚间前三分之一处，左腿略弯曲，右腿伸直，身体重心向左倾斜，头部和上体向左转动，体重压在左脚的外刃（单排轮

滑鞋）或两个外侧轮（双排轮滑鞋）和右脚的内刃（单排轮滑鞋）或两个内侧轮（双排轮滑鞋）处，借助惯性向左前方滑出一条弧线。如向右转弯，则方向为向右，两脚滑行的部位相反，但动作方法相同。

关键环节：

1. 两膝弯曲，重心落在转弯方向的侧前方。

2. 向左转弯时用左脚外刃、右脚内刃滑行；向右转弯时用右脚外刃、左脚内刃滑行。

3. 转弯过程中，以转头和转体带动髋部和腿部。

练习方法：

1. 从高重心姿势、慢速度练习，逐渐过渡到低重心姿势、较快速度练习。

2. 逐渐从小圆弧、大圆弧过渡到固定半径的圆弧滑行练习。

自我过关测试：稳定、流畅地完成 3 圈半径为 6 米的圆形线滑行。

❖ 向前短步转弯

练习目的：向前滑行过程中转弯。

动作要领：在惯性转弯动作的基础上，如向左转弯时，重心下降并完全落在左腿上或超出左腿支点，头部和上体向左转动，右脚向右后方蹬地后迅速收回，靠近左脚落地做非常短暂的支撑，此时，左脚迅速向左稍转脚尖，右脚迅速向左侧蹬地。连续做此动作即可向左滑出一条弧线，使身体转弯。如向右转弯，则方向为向右，两脚滑行的部位相反，但动作方法相同。

关键环节：

1. 两膝弯曲，重心落在转弯方向的侧前方。

2. 向左转弯时用左脚外刃、右脚内刃滑行；向右转弯时用右脚外刃、左脚内刃滑行。

3. 向左转弯每次左脚落地时，脚尖向外扭转一定的角度；向右转弯每次右脚落地时，脚尖也向外扭转一定的角度。

4. 转弯过程中，以转头和转体带动髋部和腿部。

练习方法：

1. 从高重心姿势、慢速度练习，逐渐过渡到低重心姿势、较快速度练习。

2. 逐渐从小圆弧、大圆弧过渡到固定半径圆弧的滑行练习。

自我过关测试：稳定、流畅地完成 3 圈半径为 6 米的圆形线路滑行。

❖ 向后惯性转弯

练习目的：向后滑行过程中的转弯。

动作要领：在向后滑行达到一定速度时，两脚平行，相距 30 ～ 40 厘米，两膝微屈，如向左转弯时，左脚略靠前，重心落在两脚间后三分之一处，左腿略弯曲，右腿伸直。身体重心向左倾斜，头

部和上体向左转动，体重压在左脚的外刃（单排轮滑鞋）或两个外侧轮（双排轮滑鞋）和右脚的内刃（单排轮滑鞋）或两个内侧轮（双排轮滑鞋）处，借助惯性向左后方滑出一条弧线。如向右转弯，则方向为向右，两脚滑行的部位相反，但动作方法相同。

关键环节：

1. 两膝弯曲，重心落在转弯方向的侧后方。

2. 向左转弯时用左脚外刃、右脚内刃滑行；向右转弯时用右脚外刃、左脚内刃滑行。

3. 在转弯过程中，以转头和转体带动髋部和腿部。

练习方法：

1. 从高重心姿势、慢速度练习，逐渐过渡到低重心姿势、较快速度练习。

2. 逐渐从小圆弧、大圆弧过渡到固定半径圆弧的滑行练习。

自我过关测试：稳定、流畅地完成3圈半径为6米的圆形线路滑行。

❖ 向后短步转弯

练习目的：向后滑行过程中的转弯。

动作要领：在惯性转弯动作的基础上，如向左转弯时，重心下降并完全落在左腿上或超出左腿支点，头部和上体向左转动，右脚向右前方蹬地后迅速收回，靠近左脚落地做非常短暂的支撑。此时，左脚迅速向左稍转脚跟，右脚迅速侧向蹬地。连续做此动作即可向左后方滑出一条弧线，使身体转弯。如向右转弯，则方向为向右，两脚滑行的部位相反，但动作方法相同。

关键环节：

1. 两膝弯曲，重心落在转弯方向的侧后方。

2. 向左转弯时用左脚外刃、右脚内刃滑行；向右转弯时用右脚外刃、左脚内刃滑行。

3. 向左转弯每次左脚落地时，脚跟向外扭转一定的角度；向右

转弯每次右脚落地时，脚跟也向外扭转一定的角度。

4. 转弯过程中，以转头和转体带动髋部和腿部。

练习方法：

1. 从高重心姿势、慢速度练习，逐渐过渡到低重心姿势、较快速度练习。

2. 逐渐从小圆弧、大圆弧过渡到固定半径圆弧的滑行练习。

自我过关测试：稳定、流畅地完成3圈半径为6米的圆形线路滑行。

❖ 向前交叉压步转弯

练习目的：向前滑行过程中的转弯。

动作要领：在圆弧上以双脚平行向前滑行开始，当左脚有稳定的支撑时，身体重心向左倾倒并超出左腿支撑点，右脚向右后方蹬地后迅速收回，并以大腿带动小腿向左脚的左侧前方迈出10—20厘米，身体重心随之跟上；在右脚短暂滑行之后，左脚以大腿带动小腿迅速从右腿后方收回，脚尖外转落地，同时右脚向右后方蹬地，左脚向左前方滑行。如此反复进行。如向右转弯，则方向为向右，两脚滑行的部位相反，但动作方法相同。

关键环节：

1. 两膝弯曲，重心落在转弯方向的侧前方。

2. 向左转弯时用左脚外刃、右脚内刃滑行；向右转弯时用右脚外刃、左脚内刃滑行。

3. 向左转弯每次左脚落地时，脚尖向外扭转一定的角度；向右转弯每次右脚落地时，脚尖也向外扭转一定的角度。

4. 交叉压步的落脚点应在支撑脚附近，并在着地后迅速支撑重心。

5．转弯过程中，以转头和转体带动髋部和腿部。

练习方法：

1．从高重心姿势、慢速度练习，逐渐过渡到低重心姿势、较快速度练习。

2．逐渐从小圆弧、大圆弧过渡到固定半径圆弧的滑行练习。

自我过关测试：稳定、流畅地完成3圈半径为6米的圆形线路滑行。

❖ 向后交叉压步转弯

练习目的：向后滑行过程中的转弯。

动作要领：在圆弧上以双脚平行向后滑行开始，当左脚有稳定的支撑时，身体重心向左倾倒并超出左腿支撑点，右脚向右前方蹬地后迅速收回，并以大腿带动小腿向左脚的左侧前方迈出10—20厘米，身体重心随之跟上；在右脚短暂滑行之后，左脚以大腿带动小腿迅速从右腿后方收回，脚尖内扣落地，同时右脚向右前方蹬地，左脚向左后方滑行。如此反复进行。如向右转弯，则方向为向右，两脚滑行的部位相反，但动作方法相同。

关键环节：

1．两膝弯曲，重心落在转弯方向的侧后方。

2．向左转弯时用左脚外刃、右脚内刃滑行；向右转弯时用右脚外刃、左脚内刃滑行。

3．向左转弯每次左脚落地时，脚跟向外扭转一定的角度；向右转弯每次右脚落地时，脚跟也向外扭转一定的角度。

4．交叉压步的落脚点应在支撑脚附近，并在着地后迅速支撑

重心。

5. 在转弯过程中，以转头和转体带动髋部和腿部。

练习方法：

1. 从高重心姿势、慢速度练习，逐渐过渡到低重心姿势、较快速度练习。

2. 逐渐从小圆弧、大圆弧过渡到固定半径圆弧的滑行练习。

自我过关测试：稳定、流畅地完成 3 圈半径为 6 米的圆形线路滑行。

制动

❖ 单排轮滑鞋向前滑行制动

练习目的：停止向前滑行。

动作要领：在向前滑行的过程中，身体重心落到两腿间成两脚平行开立的向前基本姿势，惯性向前滑行时，准备开始制动。制动时，重心下降，将装有制动器的滑行脚向前伸出 20 ～ 30 厘米，脚尖抬起，以制动器与地面接触摩擦地面，以达到减速制动直到停止的目的。此时，重心应落在后面的滑行脚上，上体根据滑行的速度和制动的距离稍后倾。

关键环节：

1. 除制动脚用制动器着地外，滑行脚鞋底始终与地面平行，轮子与地面垂直。

2. 重心下降。

3. 有效制动并且制动过程成直线。

练习方法：由较慢的滑行速度、较小的制动力量开始练习，逐渐加快滑行速度和加大制动力量。

自我过关测试：能在较快速度滑行中有效制动，且制动成直线。

❖ 单排轮滑鞋向后滑行制动

练习目的：停止向后滑行。

动作要领：在向后滑行的过程中，身体重心落到两腿间成两脚平行开立的向后基本姿势，惯性向后滑行时，准备开始制动。制动时，重心下降，将装有制动器的滑行脚向前伸出 20 ～ 30 厘米，脚尖抬起，以制动器与地面接触摩擦地面，以达到减速制动直到停止的目的。此时，重心应落在后面的滑行脚上，上体根据滑行的速度和制动的距离稍前倾。

关键环节：

1. 除制动脚用制动器着地外，滑行脚鞋底始终与地面平行，轮子与地面垂直。

2. 重心下降。

3. 有效制动，并且制动过程成直线。

练习方法：由较慢的滑行速度、较小的制动力量开始进行练习，逐渐加快滑行速度和加大制动力量。

自我过关测试：能在较快速度滑行中有效制动，且制动成直线。

❖ 向前“A”形制动

练习目的：停止向前滑行。

动作要领：在向前滑行的过程中，身体重心落到两腿间成两脚

平行开立的向前基本姿势，惯性滑行时，准备开始制动。制动时，重心下降，上体根据滑行的速度和制动的距离稍后倾，双脚分开略比肩宽，两脚尖内扣，脚跟外张，成“A”形。单排轮滑鞋用轮子的内侧（内刃）、双排轮滑鞋用内侧轮与地摩擦，以达到减速制动直到停止的目的。

关键环节：

1. 两脚成“A”形，用轮子的内刃（单排轮滑鞋）或内侧轮（双排轮滑鞋）摩擦地面。

2. 重心下降。

3. 两脚靠近脚跟部用力。

4. 有效制动，并且制动过程成直线。

练习方法：由较慢的滑行速度、较小的制动力量开始进行练习，逐渐加快滑行速度和加大制动力量。

自我过关测试：能在较快速度滑行中有效制动，且制动成直线。

❖ 向后“V”形制动

练习目的：停止向后滑行。

动作要领：在向后滑行的过程中，身体重心落到两腿间成两脚平行开立的向后基本姿势，惯性滑行时，准备开始制动。制动时，重心下降，上体根据滑行的速度和制动的距离稍前倾，双脚分开略比肩宽，两脚尖外张，脚跟向内，成“V”形。单排轮滑鞋用轮子的内侧（内刃）、双排轮滑鞋用内侧轮与地摩擦，以达到减速制动直到停止的目的。

关键环节：

1. 两脚成“V”形，用轮子的内刃（单排轮滑鞋）或内侧轮（双

排轮滑鞋）摩擦地面。

2. 重心下降。

3. 两脚靠近脚尖部用力。

4. 有效制动，并且制动过程成直线。

练习方法：由较慢的滑行速度、较小的制动力量开始进行练习，逐渐加快滑行速度和加大制动力量。

自我过关测试：能在较快速度滑行中有效制动，且制动成直线。

❖ 向前“T”形制动

练习目的：停止向前滑行。

动作要领：在向前滑行的过程中，将重心落在左脚上，左膝微屈，上体根据滑行的速度和制动的距离稍后倾，同时抬起右脚，脚尖外转，横放在左脚后成“T”字形，单排轮滑鞋以右脚四个轮的内侧面（内刃）、双排轮滑鞋以内侧轮摩擦地面，减缓滑行速度，且重心继续下降并逐渐移向右脚，加大摩擦直到停止滑行。以同样的方法可进行左右脚交换后的“T”字形制动。

关键环节：

1. 除制动脚用轮子的内刃（单排轮滑鞋）或内侧轮（双排轮滑

鞋）摩擦地面外，滑行脚鞋底始终与地面平行，轮子与地面垂直。

2. 重心下降。

3. 有效制动，并且制动过程成直线。

练习方法：由较慢的滑行速度、较小的制动力量开始进行练习，逐渐加快滑行速度和加大制动力量。

自我过关测试：能在较快速度滑行中有效制动，且制动成直线。

❖ 向后“T”形制动

练习目的：停止向后滑行。

动作要领：在向后滑行的过程中，将重心落在左脚上，左膝微屈，上体根据滑行的速度和制动的距离稍前倾，同时抬起右脚，脚尖外转，横放在左脚后成“T”形，单排轮滑鞋以右脚的四个轮内侧面（内刃）、双排轮滑鞋以内侧轮摩擦地面，减缓滑行速度，重心继续下降并逐渐移向右脚，加大摩擦直到停止滑行。以同样的方法可进行左右脚交换后的“T”形制动。

关键环节：

1. 除制动脚用轮子的内刃（单排轮滑鞋）或内侧轮（双排轮滑鞋）摩擦地面外，滑行脚鞋底始终与地面平行，轮子与地面垂直。

2．重心下降。

3．有效制动，并且制动过程成直线。

练习方法：由较慢的滑行速度、较小的制动力量开始练习，逐渐加快滑行速度和加大制动力量。

自我过关测试：能在较快速度滑行中有效制动，且制动成直线。

❖ 向前平行脚制动

练习目的：停止向前滑行。

动作要领：在向前滑行的过程中，身体重心落到两腿间成两脚平行开立的向前基本姿势，惯性滑行时，准备开始制动。制动时，重心下降，身体迅速向一侧转体 90 度并带动双脚迅速转动 90 度，两脚平行分开，同时身体重心急速降低并后留，如向左侧转动时，单排轮滑鞋以右脚的 4 个轮内侧面（内刃），双排轮滑鞋以内侧轮向滑行时的前进方向尽量前伸，与地面成小角度反支撑，左脚也应在重心的前面成一定角度的反支撑，用左脚外刃（侧轮）和右脚内刃（内侧轮）摩擦地面，使滑行突然停止。使用这种方法有较高的难度，但可在很短的时间内达到制动的目的。

关键环节：

1．重心迅速下降并倒向滑行的反方向。

2．转体迅速。

3. 两脚有效地与地面形成反支撑。

练习方法：由较慢的滑行速度、较小的制动力量开始练习，逐渐加快滑行速度和加大制动力量。

自我过关测试：能在中等速度滑行中完成有效制动。

❖ 向后平行脚制动

练习目的：停止向后滑行。

动作要领：在向后滑行的过程中，身体重心落到两腿间成两脚平行开立的向后基本姿势，惯性滑行时，准备开始制动。制动时，重心下降，身体迅速向一侧转体 90 度并带动双脚迅速转动 90 度，两脚平行分开，同时身体重心急速降低并后留。如向左侧转动时，单排轮滑鞋以右脚的 4 个轮外侧面（外刃）、双排轮滑鞋以外侧轮向滑行方向尽量后伸，与地面成小角度反支撑，左脚也应在重心的后面成一定角度的反支撑，用左脚外刃（外侧轮）和右脚内刃（内侧轮）摩擦地面，使滑行突然停止。使用这种方法有较高的难度，但可在很短的时间内达到制动的目的。

关键环节：

1. 重心迅速下降并倒向滑行的反方向。
2. 转体迅速。
3. 两脚有效地与地面形成反支撑。

练习方法：由较慢的滑行速度、较小的制动力量开始练习，逐渐加快滑行速度和加大制动力量。

自我过关测试：能在中等速度滑行中完成有效制动。

第四章

速度轮滑运动概述

速度轮滑是一项体能类竞速性的运动项目，它带有明显的周期性动作特征。滑行时要脚穿轮滑鞋，佩戴头盔、手套、护膝、护肘等护具，采用特殊的蹲屈身体姿势，靠两腿交替向侧方蹬地产生动力及臂、腿其他动作配合进行滑行。

速度轮滑比赛的方式，既可在公路上，又可在场地上进行。比赛的办法较多，有计时赛、淘汰赛、计分赛、群滑赛、定时赛、追逐赛、分段赛等。

比赛不分道，除短距离的场地计时赛采用单独出发的方式以外，多数比赛都采用集体出发的形式。由于同组比赛的人数多、滑行速度快、战术性强、淘汰率高等，所以比赛的竞争非常激烈。

速度轮滑的特点：

1. 身体呈蹲姿。速度轮滑的滑跑姿势为蹲姿，团身，使身体呈流线型，以减小阻力。

2. 支点不固定。速度轮滑是比速度，初学者更容易体会到，在滑行的过程中无法在身体下面找到有效的支点，重心难以控制。

3. 向侧后用力蹬地。这就是速度轮滑与走跑的不同之处。平时我们在向前走或跑时是向后用力，而速度轮滑是向侧用力，速度越快，越接近向侧用力。因此学习轮滑要养成向侧用力跑的习惯。

速度轮滑的发展历史

速度轮滑最早产生于1100年，当时的溜冰鞋是将骨头装在长皮靴的掌上，帮助猎人完成只在冬天才能进行的打猎游戏。1700年，苏格兰人创造了第一双溜冰鞋，目的是在夏天模拟冰上溜冰。这种鞋是把用长条木制成的线轴附在鞋子上，以完成陆地溜冰动作。同年在爱丁堡组成了第一个溜冰俱乐部。1819年，法国的培蒂伯德发

明了第一双单排滑轮鞋，其构造是将 2—3 个轮子排成一条直线装在鞋底。1823 年，伦敦的罗伯特设计了一双新型溜冰鞋，人们称它为"rolito"，鞋的底部放有 5 个排成一排的轮子。1863 年，美国的詹姆士经过改进，发明了可使用的溜冰鞋。这双鞋的特点是有 4 个并排的轮子，能转弯、前进和向后溜冰。这就是最传统的溜冰鞋。直到 1980 年，美国明尼苏达州两位热爱冰上曲棍球的兄弟，为了在秋季能够继续练习，便把轮子安装在冰刀底座下，产生了一双单排轮滑鞋。

1984 年，Rollerblade 公司开始研发出各种不同用途的轮滑鞋，Rollerblade 一直是国际飞轮业界的领导品牌，1994 年又把 ABT 简易刹车系统引入市场，就是我们今天看到的单排轮滑鞋。这样，单排轮滑运动不仅限于轮滑运动员，更成为一种时尚休闲运动风行世界各地。

随着轮滑运动的普及，各种比赛相继产生。1838 年，在英国的伦敦举行了首届世界速度轮滑锦标赛，共有 6 个项目，英国人获得其中 4 个项目的冠军，意大利和比利时分别获得 1 000 米和 1 500 米冠军。

速度轮滑运动的场地与装备

❖ 速度轮滑场地

比赛场地分为场地跑道和公路跑道，公路跑道有起终点相衔接的封闭式环形跑道和起终点之间不相衔接的开放式跑道两种，公路比赛路线沿左右方向均可设有弯道。

全国性场地赛使用的跑道，应有两条长度相等的直线段和两个对称的具有相等半径的弯道相连的跑道。标准的场地周长为 200 米，宽度为 6 米，根据情况，通常也允许使用周长不短于 125 米、最长

不超过 400 米、跑道宽不少于 5 米的跑道。现以 200 米的场地为例做简单介绍：

比赛跑道的地面，可用任何材料铺成，但要求平坦，有一定的光滑度，不易摔倒。弯道要有一定的倾斜度，有倾斜度的部分要从

内侧边缘逐渐均匀平整地升高，直到外侧的边缘。直线跑道为了与弯道倾斜部分相衔接，也可以有向内侧倾斜相衔接的部分，但直线赛道平坦段落不应少于跑道总长的33%。终点线要用白色实线标出，线宽为5厘米，一直到跑道外侧的边线。终点线不能设在弯道处，一般设在直道中线前伸10米处为宜。

全国性公路赛使用的跑道，在开放式跑道进行比赛，其终点与起点不衔接。封闭式的跑道其终点与起点相衔接，它有两条对称的路线，周长最短不少于250米，最长不超过1 000米。公路的宽度不少于5米。起终点线也不能设在弯道处，除非无法避开时，起点线应设在距弯道50米以外的地方，终点线应设在距最后一个弯道的直弯道分界线前50米处。

❖ 速度轮滑鞋的选择

1. 鞋一定要适合自己的脚，以鞋号来选定。鞋跟要硬一些，如果太软，可用速凝胶纱布粘好，鞋尖部要柔软。脚跟在鞋里应该很稳固，不能有多余的空间使它移动，脚尖应刚好顶到鞋尖，但不要感到挤脚。系好鞋带时，鞋应紧紧裹住脚弯处，脚尖和踝关节应可以松动。一双合适的鞋应该是可以使人感觉鞋就像长在自己脚上似的，这样能够产生好的感觉，有利于练就过硬的技术，保持动作协调。

2. 注意轮子正面无锈，同时考虑轮子的长度和位置。

3. 重量越轻越好。

4. 支撑部位牢固。

第五章

速度轮滑基础

滑跑姿势

❖ 直道滑行滑跑姿势

1. 高滑行姿势

练习目的：学习速度轮滑直道滑行的技术动作，完成持续较长距离和时间的滑行练习，逐渐提高滑行速度。

动作要领：速度轮滑是采用特殊姿势进行练习和比赛的。为了在快速滑行中保持身体平稳、减小空气阻力，运动员在练习和比赛中，采用上体前倾、两腿弯曲、背手或摆臂的滑跑姿势。

关键环节：

（1）上体前倾，两腿弯曲，重心靠前。

（2）用背手或摆臂的滑跑姿势。

练习方法：

（1）原地模仿练习。

（2）穿轮滑鞋的原地模仿练习。

（3）慢速度滑行状态的练习。

（4）双脚平行惯性滑行状态的练习。

（5）逐渐过渡到正常滑行状态并提高滑行速度。

自我过关测试：稳定、流畅地长时间滑行。

2．一般滑行姿势

练习目的：掌握速度轮滑直道滑行的技术动作，在较快速滑行的状态下持续一定的距离和时间。

动作要领：一般速度轮滑直道滑行姿势是上体前倾，肩高于臀部，上体与地面呈 30 ～ 40 度角，大腿与躯干呈 50 ～ 60 度角，膝关节弯曲成 110 ～ 120 度角，踝关节前屈呈 50 ～ 70 度角。上体放松，两臂伸直，两手自然互握于背后，头微抬起，目视前进方向 10 ～ 12 米处。在滑行时身体重心稍前探。

关键环节：

（1）上体前倾，上体与地面呈 30 ～ 40 度角，肩高于臀部，大腿与躯干成 50 ～ 60 度角。

（2）膝关节弯曲呈 110 ～ 120 度角，踝关节前屈成 50 ～ 70 度角，使下肢伸肌拉长，便于腿部的蹬伸。

（3）上体放松，两臂伸直，两手自然互握于背后。

（4）头微抬起，目视前进方向 10 ～ 12 米处。

练习方法：

（1）原地模仿练习。

（2）穿轮滑鞋的原地模仿练习。

（3）慢速度滑行状态的练习。

（4）双脚平行惯性滑行状态的练习。

（5）逐渐过渡到正常滑行状态并提高滑行速度。

自我过关测试：稳定、流畅地滑行较长时间（5 分钟以上）。

3．低滑行姿势

练习目的：提高速度轮滑直道滑行的技术动作，提高滑行速度，

并持续一定的距离和时间。

动作要领：正确的速度轮滑直道低滑行姿势是上体前倾，肩高于臀部，上体与地面呈 15 ～ 20 度角，大腿与躯干呈 30 度角，膝关节弯曲呈 90 ～ 110 度角，踝关节前屈呈 50 ～ 70 度角。上体放松，两臂伸直，两手自然互握于背后，头微抬起，目视前进方向 5 ～ 10 米处。在滑行时身体重心稍前探。

关键环节：

（1）身体重心前探，上体前倾，与地面约呈 15 ～ 20 度角，肩高于臀部。

（2）大腿与躯干呈 30 度角，膝关节弯曲成 90 ～ 110 度角，踝关节前屈成50－70度角，使下肢伸肌拉长，为加大伸肌用力创造条件，给蹬腿动作创造最大限度用力的可能。

（3）上体放松，两臂伸直，两手自然互握于背后。

（4）头微抬起，目视前进方向 5 ～ 10 米处。

练习方法：

（1）原地模仿练习。

（2）穿轮滑鞋的原地模仿练习。

（3）慢速度滑行状态的练习。

（4）双脚平行惯性滑行状态的练习。

（5）逐渐过渡到正常滑行状态并提高滑行速度。

自我过关测试：稳定、流畅地保持一定时间（3 分钟以上）的滑行。

❖ 弯道滑行的滑跑姿势

1. 大弯道滑行姿势

练习目的：学习和掌握速度轮滑弯道滑行的技术动作，在较快速滑行的状态下持续一定的距离和时间。

动作要领：弯道滑跑采用身体向左侧前方倾斜的姿势，这是由于圆周运动的力学关系所决定的。在弯道滑跑时，身体成一条直线向左前方倾斜，头和肩也随之向左侧转动，左肩稍低于右肩，左臂稍低于右臂，双腿完成蹬地动作时，也应尽量与身体倾斜面相一致，上体和支撑腿的滑行应该是沿圆弧的切线方向。在滑行中身体重心应居中稍偏，左侧前方，整个弯道滑跑过程应有加速感。身体倾斜度与弯道半径的大小和滑跑的速度有密切关系，掌握好身体倾斜度与弯道弧度的关系，是提高弯道滑跑速度的重要因素。

关键环节：

（1）上体向左前方倾斜，上体与地面呈30～40度角，肩高于臀部，大腿与躯干呈50～60度角。

（2）膝关节弯曲呈110～120度角，踝关节前屈呈50～70度角，使下肢伸肌拉长，便于腿部的蹬伸。

（3）上体放松，两臂伸直，两手自然互握于背后。

（4）头肩部及上体微向弯道圆心扭转，目视前进方向10～12米处。

练习方法：

（1）原地模仿练习。

（2）穿轮滑鞋的原地模仿练习。

（3）慢速度滑行状态的练习。

（4）双脚平行惯性滑行状态的练习。

（5）逐渐过渡到正常滑行状态并提高滑行速度。

自我过关测试：稳定、流畅地长时间（10分钟以上）滑行。

2. 小弯道滑行姿势

练习目的：准确掌握速度轮滑弯道滑行的技术动作，提高滑行速度，完成持续一定距离和时间的滑行。

动作要领：根据弯道半径的大小以及滑行速度的快慢，相应调整身体向左侧前方的倾斜度（半径越小，速度越快，倾斜度越大）。一般情况下，小弯道滑行时身体重心进一步下降，头、肩部和上体向左扭转加大，左肩低于右肩的幅度也加大。

关键环节：

（1）身体重心进一步向左前方探出，上体前倾，与地面呈15～20度角，肩高于臀部。

（2）大腿与躯干呈30度角，膝关节弯曲呈90～110度角，踝

节前屈呈 50 ～ 70 度角，使下肢伸肌拉长，为加大伸肌用力创造条件，给蹬腿动作创造最大限度用力的可能。

（3）上体放松，两臂伸直，两手自然互握于背后。

（4）头、肩部及上体进一步向弯道圆心扭转，目视前进方向 5 ～ 10 米处。

练习方法：

（1）原地模仿练习。

（2）穿轮滑鞋的原地模仿练习。

（3）慢速度滑行状态的练习。

（4）双脚平行惯性滑行状态的练习。

（5）逐渐过渡到正常滑行状态并提高滑行速度。

自我过关测试：稳定、流畅地保持较长时间（5 分钟以上）的滑行。

直道滑行

速度轮滑的直道滑跑动作具有典型的周期性特征。一个动作周期由左、右两个单步组成，每一个单步又由单脚支撑和双脚支撑滑行过程组成。其中，单脚支撑滑行过程是支撑腿滑行的过程，它又包括惯性滑行和单脚支撑蹬地两个动作。与支撑腿相对应的浮腿动作是收腿、摆腿和着地动作，并与支撑腿协调一致地配合。因此，速度轮滑的直道滑跑动作，一个动作周期应该是6个阶段，共包括12个技术动作。

❖ 直道滑行的蹬腿

练习目的：根据轮滑直道滑行的特点，在保持身体平衡的前提下为滑行提供最佳的动力，并为其后技术动作的顺利完成做好准备。

动作要领：速度轮滑的蹬腿动作是在向前滑行的过程中进行的，也就是说，是边滑行边蹬腿。速度轮滑的蹬腿动作过程包括开始蹬腿、蹬腿的最大用力和结束蹬腿三个阶段。

当惯性滑行结束，进入蹬腿阶段时，运动员开始由轮子平刃面滑行，过渡到轮子内刃滑行。这时，运动员呈现的是身体倾斜状态的滑行，转入了开始蹬腿阶段。开始蹬腿阶段对运动员腿部动作的技术要求是，在伸展髋关节的同时膝关节向前压，踝关节的前屈角度略有缩小，并保持这个姿势开始向身体的侧后方蹬腿。

当完成开始蹬腿阶段的技术动作后，就进入了蹬腿最大用力阶段。此阶段，运动员的蹬伸腿位于身体的侧方，身体倾斜度达到最适宜角，即上体前倾与地面呈 15 ～ 20 度角，大腿与躯干呈 40 度角左右，膝关节弯曲呈 125 度角左右，踝关节前屈成 50 ～ 70 度角。这时，运动员快速伸展膝关节，同时伸展髋、踝关节。

结束阶段是运动员完成了蹬腿的最大用力阶段后，就到了髋、膝、踝三关节完全伸直并准备收腿的蹬腿最后阶段。此时，如果运动员脚穿的是当前世界速度轮滑最为先进的“双蹬（Double Pull）”轮滑鞋，则应当最大限度地用力伸展踝关节，充分发挥踝关节的最后蹬地力量和“双蹬（Double Pull）”轮滑鞋的两次推进作用。

蹬腿用力的方向：

蹬腿时，轮滑鞋侧

出的角度与运动员滑跑速度及技术优劣有关，通常从静止起动时侧出的角与前进方向呈 50 ～ 60 度，随着滑行速度的增加，轮滑鞋侧出的角度逐渐变大，方向逐渐向侧。

正确的蹬腿方向是获得高速滑跑的重要因素。不论是从静止开始到快速滑行的蹬腿，还是在惯性滑行时的蹬腿，蹬腿的方向都要注意保持与轮滑鞋轮子滚动方向成垂直关系。

蹬腿角（蹬腿线与轮滑场地的夹角）：

蹬腿要充分利用人体的力量。在蹬腿过程中，若蹬腿过早（没达到适宜蹬腿角）会造成蹬腿的垂直分力过大，造成身体上下起伏；蹬腿过晚（蹬腿角过小），会因维持身体平衡造成蹬腿短促，不能有效利用轮滑场地对轮滑鞋的支撑反作用力。所以，蹬腿角是否适当是产生推动前进的分力大小的关键所在。一般速度轮滑蹬腿角度在滑跑开始时为 70 ～ 75 度，快速滑行时为 55 ～ 60 度。

蹬腿的步幅：

蹬腿的步幅是运动员身体的总重心点，从蹬腿前的位置移动到蹬腿结束的位置之间的距离。

在保证蹬腿力的情况下，蹬腿的时间不变，蹬腿的距离加长，滑行的速度就快。滑行姿势低，蹬地腿蹲屈的角度越大，浮足摆收效果越好，蹬地腿蹬伸能充分伸展，蹬腿的幅度就越大，蹬腿的步幅也就越大。

关键环节：

1. 蹬伸有力，有效。

2. 蹬地腿与地面呈 50 ～ 60 度角。

3. 蹬伸时充分伸展髋、膝、踝关节。

练习方法：

1. 原地模仿练习。

2. 穿轮滑鞋的原地模仿练习。

3. 慢速度滑行状态的练习。

4. 逐渐过渡到正常滑行状态并提高滑行速度。

自我过关测试：

1. 在正确完成技术动作的前提下，根据个人特点和能力，由运动员、教练员和运动科研人员共同进行评价。

2. 有较强的滑行能力和滑行速度，并适应运动员个人和集体比赛的战术行动。

❖ 直道滑行的下轮

练习目的：在获得最佳的滑行动力的同时，保证身体的平衡，并为其后技术动作的顺利完成做好准备。

动作要领：下轮动作是指运动员蹬地、收腿结束后，将浮腿置于身体重心下方落地并承接身体重心的过程。下轮动作的正确与否，直接影响到惯性滑行动作和蹬腿动作的质量。

正确的速度轮滑直道滑跑的下轮动作应该是，在滑跑过程中将浮腿收回靠近支撑腿的内侧，在身体总重心的下方落地，落地点在滑行腿前方一脚处。落地时，先用轮滑鞋前部轮子的外刃下轮，下轮动作要快而轻，开始时角度较小，然后由轮滑鞋前部轮子的外刃滚动到全部轮子的平刃面着地，这时身体重心仍在蹬地腿上，着地腿似乎悬在轮滑场地上。在蹬伸腿完全蹬伸的一刹那，迅速把身体重心移到着地腿上。

好的下轮动作是身体在向浮腿方向倾斜的状态中，两膝关节与

两脚几乎靠拢，下轮脚很自然地用轮子的外刃与轮滑场地接触。下轮方向应与运动员总重心移动方向一致。在下轮的过程中，要注意控制浮腿的位置和时机。下轮动作过早会影响利用身体重心蹬腿和出现反支撑；下轮动作过晚、过急，容易出现轮滑鞋向下切的动作和侧跨动作，影响动作的协调性，打乱滑行的节奏。

关键环节：

1. 出腿方向与蹬地腿的滑行方向呈60度左右夹角。

2. 以轮子的外刃下轮。

3. 下轮后迅速支撑身体重心。

练习方法：

1. 原地模仿练习。

2. 穿轮滑鞋的原地模仿练习。

3. 慢速度滑行状态的练习。

4. 逐渐过渡到正常滑行状态并提高滑行速度。

自我过关测试：

1. 在正确完成技术动作的前提下，根据个人特点和能力，由运

动员、教练员和运动科研人员共同进行评价。

2. 有较强的滑行能力和滑行速度，并适应运动员个人和集体比赛的战术行动。

❖ 直道滑行的收腿

练习目的：利用收腿动作的过程充分放松浮腿，并有助于重心的移动。同时，通过积极摆动的收腿动作能增加蹬腿力量和惯性滑行的速度和距离。

动作要领：蹬地腿蹬伸动作结束后，将其抬离地面，并处于放松状态，称为浮腿。速度轮滑直道滑跑的收腿动作是将浮腿从蹬腿结束后位于身体的侧后方收回到身体的后方，接着由身体的后方摆动到下轮动作前的准备过程。

正确的收腿动作要求在收腿过程中，浮腿要以大腿带动小腿拉回，腿要放松，膝关节自然弯曲，做自然内压弧形摆动；从后方向前方收腿时，浮腿做从后向前摆拉收腿动作。浮腿摆收的速度应大于支撑腿的运动速度。浮腿向前移位是靠该腿的重力和向前摆动的动作实现的，并要注意沿最短路线摆收，向支撑腿靠拢。此时，浮腿的小腿积极摆动下落，放于靠近支撑脚稍前方，完成收腿动作。

关键环节：

1. 腿部放松，膝关节自然弯曲，做自然内压弧形摆动。

2. 浮腿要以大腿带动小腿拉回。

3. 浮腿摆收的速度应大于支撑腿的运动速度。

4. 收腿沿最短路线摆收，向支撑腿靠拢。

练习方法：

1. 原地模仿练习。

2. 穿轮滑鞋原地模仿练习。

3. 慢速度滑行状态的练习。

4. 逐渐过渡到正常滑行状态并提高滑行速度。

自我过关测试：

1. 在正确完成技术动作的前提下，根据个人特点和能力，由运动员、教练员和运动科研人员共同进行评价。

2. 有较强的滑行能力和滑行速度，并适应运动员个人和集体比赛的战术行动。

❖ 直道滑行的惯性滑行

练习目的：使蹬地腿的肌肉在收腿的过程中得到放松和休息，并为下一次充分而有力的蹬地动作做好准备。

动作要领：惯性滑行动作是指在一条腿蹬地结束之后，到另一条腿蹬地开始之前，用单腿支撑利用惯性向前滑行的过程。

惯性滑行动作因滑行距离（项目）的不同，持续的时间和技术动作也不同。在练习和比赛长距离项目滑跑时，惯性动作持续的时间比短距离项目要长，一般约占一个单步步幅的二分之一。轮滑鞋轮子的变化是由下轮动作时的外刃着地逐渐滚动到轮子的平刃面着地，最后滚动到轮子的内刃着地（内弧很短），到蹬地前为止。在短距离滑跑项目中，惯性滑行动作持续的时间比长距离项目要短得多，一般约占一个单步步幅的三分之一。由于短距离项目滑跑时技术动作的频率较高，所以惯性滑行动作要从较短时间的外刃和平刃着地支撑滑行，迅速地滚动到较长时间的内刃支撑滑行和蹬地动作。适当缩短惯性滑行时间，加快动作的频率有助于提高滑跑速度。

关键环节：

1. 惯性滑行的距离为一个单步的 1/3 ～ 1/2。
2. 滑行平稳、快速。

练习方法：

1. 原地模仿练习。

2. 穿轮滑鞋原地模仿练习。

3. 慢速度滑行状态的练习。

4. 逐渐过渡到正常滑行状态并提高滑行速度。

自我过关测试：

1. 在正确完成技术动作的前提下，根据个人特点和能力，由运动员、教练员和运动科研人员共同进行评价。

2. 有较强的滑行能力和滑行速度，并适应运动员个人和集体比赛的战术行动。

❖ 直道滑行的摆臂

练习目的：通过加大摆臂动作幅度，以获得更大的蹬地力量，并帮助调整身体重心，维持身体在大幅度滑行动作过程中的平衡。

动作要领：速度轮滑直道滑行的摆臂是与支撑腿的蹬地动作协调配合的技术动作。它能有效地提高蹬地的力量、加快身体重心的移动、提高动作频率和保持滑行时身体的平衡。摆臂动作常用于短距离项目的滑跑和比赛时的终点冲刺跑阶段。长距离练习和比赛项目可根据需要采用单臂的摆臂技术或单、双臂摆臂动作交替进行。

正确的摆臂技术动作应该是，左腿蹬地时，左臂向右前上方摆，而右臂向右后上方摆。右腿蹬地时，右臂向左前上方摆，而左臂向左后上方摆。摆臂时要注意以肩为轴，协调地配合支撑腿的蹬地用力动作。

蹬腿与摆臂的技术动作是密切相关、互相作用和影响的。它们在时间和空间上是否有准确的动作技术配合，是能否达到最佳速度的重要因素。

自我检查：

1．摆臂协调有力。

2．有助于蹬腿用力和身体的平衡。

练习方法：

1．原地模仿练习。

2．穿轮滑鞋原地模仿练习。

3．慢速度滑行状态的练习。

4．逐渐过渡到正常滑行状态并提高滑行速度。

自我过关测试：

1．在正确完成技术动作的前提下，根据个人特点和能力，由运动员、教练员和运动科研人员共同进行评价。

2．有较强的滑行能力和滑行速度，并适应运动员个人和集体比赛的战术行动。

❖ 直道滑行的全身配合

练习目的：保证稳定而流畅地滑行，降低因身体各部位不同动作带来的阻力，以最经济且快速的方式滑行。

动作要领：直道滑行技术的全身配合是实现正确滑跑技术和创造高速度滑跑的重要因素。

1．两腿动作的配合

在直道滑跑过程中，两腿的配合是由一个动作周期，一腿 6 个技术动作，两腿 12 个技术动作组成的一个复步，并往复循环而构成的。

两腿的配合关系又分为 4 个时期，即：

第一时期：右腿的惯性滑行动作，左腿的收腿动作时期。

第二时期：右腿的蹬地动作，左腿的下轮动作时期。

第三时期：右腿的收腿动作，左腿的惯性滑行动作时期。

第四时期：右腿的下轮动作，左腿的蹬地动作时期。

蹬地腿完成蹬地动作后，收腿过程中应该是大腿积极地带动小腿，快速流畅地向支撑腿收摆，并利用收腿的过程充分放松浮腿的肌肉。

两腿的配合关系为：惯性滑行阶段浮腿开始收腿，收腿动作应流畅快速，身体重心由腿外侧通过支点。当身体重心开始向内侧移动时，蹬地动作开始。当浮腿收至身体重心的垂直下方时，收腿结束。收腿结束、身体重心移向即将下轮的浮腿和蹬地开始，3个技术环节几乎是同时进行的。

在移动身体重心进入单腿支撑蹬地阶段后，上体和髋关节肌肉积极用力配合，使重心与支点迅速分离，蹬地角成锐角，此时应迅速伸展髋、膝关节，同时浮腿加速摆动。然后将身体重心明显地移向支撑脚侧前方，快速蹬伸髋、膝、踝三关节，结束蹬地动作。浮腿着地后应随着身体重心运动的方向移动，直至结束蹬地动作，并在身体重心的垂直投影点下方准确地承接体重。

综上所述，好的两腿的配合是惯性滑行与浮腿的收腿动作成对应关系，单腿支撑滑行并蹬地动作与浮腿的摆腿动作成对应关系，双腿支撑并蹬地与浮腿承接身体重心成对应关系。而合理的双腿配合时机必须是在这种对应关系和动作的分界时机之内进行的。

2. 上体和臂部动作与腿部动作的配合

在蹬地、收腿、惯性滑行、下轮动作过程中，运动员的上体和臂部应保持与滑跑方向相一致。在进入蹬地阶段，支撑脚惯性滑行动作应由轮子平刃滚动到轮子内刃着地，体重应落在蹬地腿上，上体和臀部向蹬地方向的相反方向水平移动，使身体重心与支点分离并利用身体重心蹬地，当蹬地结束的刹那间身体重心才移动到新的支撑腿上，上体沿着新的支撑腿滑行方向随同跟进。在整个动作过程中，要注意上体和臀部保持正确的前倾角度，不上下起伏。身体各部位的合理动作与协调配合，才能使蹬地这一施力动作产生更大的加速度。

3. 两臂与两腿的配合

在滑跑时，如运用摆臂动作，则摆臂的动作速度应稍快于两腿的动作速度。

摆臂时，手臂的移动轨迹有三个位向点，即前高点、后高点和下垂点。当左臂位于前高点的时候，右臂位于后高点，这时左腿处于蹬地动作结束，右腿处在惯性滑行时要由轮滑鞋轮子的平刃向内刃滚动的阶段。当左臂位于下垂点的时候，右臂也正好位于下垂点，这个时候左腿位于收腿结束阶段，右腿恰是要开始蹬地阶段。当左臂位于后高点时，右臂应正好是前高点，这个时候右腿正处于蹬地动作要结束阶段，左腿处在惯性滑行时要由轮滑鞋轮子的平刃向内刃滚动的阶段。

关键环节：

（1）全身协调、稳定。

（2）动作自然、流畅。

（3）滑行有效、快速。

练习方法：

（1）原地模仿练习。

（2）穿轮滑鞋的原地模仿练习。

（3）慢速度滑行状态的练习。

（4）逐渐过渡到正常滑行状态并提高滑行速度。

自我过关测试：

（1）在正确完成技术动作的前提下，根据个人特点和能力，由运动员、教练员和运动科研人员共同进行评价。

（2）有较强的滑行能力和滑行速度，并适应运动员个人和集体比赛的战术行动。

弯道滑行

速度轮滑弯道滑行动作的一个动作周期由左、右两个单步所组成。与直道滑跑不同的是，在弯道滑行过程中几乎没有惯性滑行阶段，两腿近乎处于不断交叉压步蹬地的状态。因而在弯道滑行过程中，每一个单步便由单脚支撑和双脚支撑两个阶段所组成。其中，单脚支撑阶段又包括单脚支撑蹬地和浮腿的摆收腿两个动作，双腿支撑阶段又包括双腿支撑蹬地与浮腿的着地两个动作。

❖ 弯道滑行的蹬腿

练习目的：根据轮滑弯道滑行的特点，在保持身体平衡的前提下要为滑行提供最佳的动力，并为紧接其后的技术动作的顺利进行做好准备。

动作要领：弯道滑行的蹬腿采用右脚用轮子的内刃、左脚用轮子的外刃向右侧后方蹬腿交叉压步的技术动作。滑行的方向应该是弯道圆弧的切线。每个步幅不能过长，一般在 4 ～ 5 米。每个单步的蹬腿幅度要比直道滑行的蹬腿幅度大，惯性滑行时间比直道滑行时间短。重心移动要快，蹬腿动作的速率要快而及时，动作频率高于同等距离直道滑行。

正确的速度轮滑弯道滑行的蹬腿动作是，当左腿摆收到右腿脚跟时，右脚进入开始蹬腿动作阶段。当右脚向左侧前方“压收”要越过左腿时，左腿进入开始蹬腿阶段。当蹬地腿继续快速蹬伸时，蹬腿动作进入最大用力阶段，此时浮足悬在新的弯道弧线的切线方向上，整个体重牢牢地压在蹬地腿上，蹬腿方向要与蹬地腿滑行的切线垂直。

要保证良好的蹬腿效果，右腿蹬地时要注意做到“挤、送、蹬”，左腿蹬地时要注意做到“前、送、蹬”，这分别是右腿蹬地和左腿蹬地的技术要领。

“挤”即右腿蹬地时，上体向左侧前方倾斜，头肩向左转动，身体重心向左侧前方超出支撑点，有向左侧前方“挤”的感觉。

“前”指左腿蹬地时，上体应保持向左侧前方倾斜，头肩向左转动，身体重心向左侧前方移动。

“送”是指蹬腿动作应该由送髋开始，大腿带动小腿和脚踝。身体各部位用力顺序的正确与否，是决定蹬腿效果好坏的十分重要的因素。

“蹬”是指蹬腿动作的蹬伸速度要快，做蹬地动作时髋、膝、踝、手关节要充分蹬伸。

关键环节：

1. 右腿蹬地时要注意做到“挤、送、蹬”。
2. 左腿蹬地时要注意做到“前、送、蹬”。

练习方法：

1. 原地模仿练习。
2. 穿轮滑鞋的原地模仿练习。
3. 慢速度滑行状态的练习。
4. 逐渐过渡到正常滑行状态并提高滑行速度。

❖ 弯道滑行的下轮

练习目的：在获得最佳的滑行动力的同时保持身体平衡，并为其后的技术动作的顺利进行做好准备。

动作要领：速度轮滑弯道滑跑的正确下轮动作是，右腿摆收时，脚跟向左侧前方做“挤压”动作，沿跑道圆弧的切线方向以轮子内刃开始着地并承接身体重心，而后滚动到轮子的平刃稍偏内刃成双脚滑行，并准备开始左腿的蹬地动作。右脚着地，要保持右脚跟和左脚的距离在左侧前方 5 ～ 10 厘米处，并注意膝关节前弓，使下轮的右腿与身体成一个倾斜面，而不要向前摆跨。当左腿以“拉收”

的方法收回时，应该贴近右腿内侧下轮着地并承接身体重心之后，用轮子的外刃，其方向应为跑道圆弧的切线，很快滚动到轮子的平刃偏外刃成双腿滑行，准备开始右腿的蹬地动作。小腿保持向左侧前方倾斜，并与整个身体的倾斜相一致。

关键环节：

1. 右脚下轮时，脚跟向左侧前方做“挤压”的动作，沿跑道圆弧的切线方向以轮子内刃开始着地并承接身体重心。

2. 右脚着地要保持脚跟在左脚的左前方 5 ～ 10 厘米处，并注意膝关节前弓，使下轮的右腿与身体成一个倾斜面。

3. 左腿下轮应该贴近右腿内侧着地，用轮子的外刃，方向应为跑道圆弧的切线，并承接身体重心。

练习方法：

1. 原地模仿练习。

2. 穿轮滑鞋原地模仿练习。

3. 慢速度滑行状态的练习。

4. 逐渐过渡到正常滑行状态并提高滑行速度。

自我过关测试：

1. 在正确完成技术动作的前提下，根据个人特点和能力，由运动员、教练员和运动科研人员共同进行评价。

2. 有较强的滑行能力和滑行速度，并适应运动员个人和集体比赛的战术行动。

❖ 弯道滑行的收腿

练习目的：利用收腿动作过程充分放松浮腿，并有助于重心的移动。积极摆动的收腿动作能增加蹬腿力量和惯性滑行的速度和

距离。

动作要领：蹬腿结束后，应立即转为收腿动作。这一动作的作用是充分放松浮足，加速移动重心，增加蹬腿力量，获得更高的滑行速度。

速度轮滑弯道滑行正确的收腿动作是，右腿蹬地结束后，右腿以大腿带动小腿，膝关节领先，摆至靠近左腿滑行脚，继续向左侧前方拉移并着地完成收腿动作。在浮足准备着地时（左右脚一样），要使轮子向左偏离原滑行的方向，即沿跑道圆弧新的切线方向着地。收右腿，要以“压收”的方法完成。“压收”就是积极、有力、快速摆收右腿，与左腿形成剪刀交叉压步动作。当左腿蹬地结束后，同样以大腿带动小腿，膝关节领先，拉摆向右腿滑行脚，当拉收到右脚左侧稍前方时准备着地，完成收腿动作。拉摆收左腿要用拉收的方法来完成。

关键环节：

1. 右腿以“压收”的方法来完成。大腿带动小腿，膝关节领先，摆至靠近左腿并继续向左侧前方拉移着地，完成右腿收腿动作。

2. 左腿以“拉收”的方式，大腿带动小腿，膝关节领先，拉摆向右腿滑行脚，当拉收到右脚左侧稍前方时准备着地，完成收左腿动作。

练习方法：

1. 原地模仿练习。

2. 穿轮滑鞋原地模仿练习。

3. 慢速度滑行状态的练习。

4. 逐渐过渡到正常滑行状态并提高滑行速度。

❖ 弯道滑行的惯性滑行

练习目的：使蹬地腿的肌肉在收腿过程中得到放松和休息，并为下一次充分而有力地蹬地做好准备。

动作要领：速度轮滑的弯道惯性滑行比直道短得多，因而这一部分在很多轮滑技术资料中都不做介绍。

弯道惯性滑行比直道短，是因为弯道滑行是沿圆弧的切线方向运动的，惯性滑行长了会远离弯道圆弧，所以每一个单步的滑行距离不能太长，一般占一个单步总长的三分之一左右。

弯道滑行中，左腿支撑惯性滑行是从右腿结束蹬腿动作起，到右腿挤收腿至左脚上方时为止。右腿开始收腿时就是左腿惯性滑行的开始，这时身体重心偏于左脚的后部，当右腿收到与左腿靠近时，身体重心由左脚的后部前移至中部，当右腿要越过左腿做积极内压动作时，身体开始向左倾斜，至此左腿惯性滑行结束。

右腿惯性滑行是从左腿收腿开始，到左脚收到右脚的后方为止。收左腿开始时身体重心位于右脚的后部，左腿以后交叉的形式收到右腿后方时，身体重心从右脚后部前移至中部，身体成向左倾斜，进入利用体重蹬腿阶段，这时身体重心继续前移，随着蹬腿动作移向了右脚的前部，至此完成右脚惯性滑行。

关键环节：

1. 惯性滑行的距离为一个单步的 1/3 左右。
2. 滑进平稳、快速。

练习方法：

1. 原地模仿练习。
2. 穿轮滑鞋原地模仿练习。
3. 慢速度滑行状态的练习。
4. 逐渐过渡到正常滑行状态并提高滑行速度。

❖ 弯道花型的摆臂

练习目的：通过摆臂加大动作幅度，以获得更大的蹬地力量，并帮助调整身体重心，维持身体在大幅度滑行动作过程中的平衡。

动作要领：弯道滑行时摆臂动作与直道滑行时的作用基本相似，但较直道摆臂动作能更有效地帮助加速移动重心、维持平衡、增强蹬腿力量和提高滑行频率。

弯道滑行正确的摆臂动作是，右臂摆动与直道滑行基本相同，但摆臂的幅度要稍大，方向更向左侧前方一些；左臂摆臂动作是上臂贴靠上体，前臂做前后摆动。左臂的摆动只起平衡协调的作用，因而也可置于体侧或背于身后。

关键环节：

1. 摆臂协调有力。
2. 有助于蹬腿用力和身体平衡。

练习方法：

1. 原地模仿练习。
2. 穿轮滑鞋原地模仿练习。
3. 慢速度滑行状态的练习。
4. 逐渐过渡到正常滑行状态并提高滑行速度。

❖ 弯道滑行的全身配合

练习目的：保证稳定而流畅地滑行，降低因身体各部位不同动作带来的阻力，以最经济且快速的方式滑进。

动作要领：目前弯道滑行技术的总体要求是尽量挖掘身体各部位动作的潜力，以获得更大的向前加速度，这主要体现在上体动作与腿部动作的配合、两腿动作的配合和摆臂动作与蹬腿动作的配合上。

1. 上体与腿部动作的配合

弯道滑行，头肩的方向和位置以及上体和臀部的位置十分重要。当右腿蹬地动作结束后，头肩部和整个身体都应沿着新的滑行方向做积极顺畅的移动调整，使左腿惯性滑进获得更大的冲滑力和稳定的动力平衡，而后随着右腿“压收”动作，左肩可略微向右摆动，臀部加大向左倾斜；使身体重心迅速左移，为左腿蹬腿创造良好条件；当左腿蹬地结束成明显的交叉步后，头肩部的方向与右脚前进的方向要保持一致，明显偏离原来的滑行方向，这一动作应能起到使右腿支撑滑进获得良好平衡的作用。

2. 两腿动作的配合

根据弯道滑行腿部动作结构，两腿动作由 4 个时期、8 个动作构成一个复步。它们的正确配合关系应该是：当左腿蹬地动作结束抬离地面时，右腿开始蹬地动作；左腿向右腿摆动并靠近右腿时，右腿用力快速蹬伸；当左脚着地并完全承接身体重心时，右腿蹬地动作结束。

当右腿蹬地动作结束抬离地面时，左腿开始蹬地动作；右腿向左腿摆收并靠近左腿成双支撑滑进并蹬地时，左腿用力快速蹬伸；当右脚着地并完全承接身体重心时，左腿蹬地动作结束。

3. 摆臂与腿部动作的配合

弯道滑行，右腿蹬地时，摆臂和蹬腿的配合关系与直道滑行基本相同。左腿蹬地时，摆臂与蹬腿的配合关系是当右腿蹬地结束、左腿蹬地动作开始时，右臂摆至前最高点，左臂摆至后最高点；当右腿进行挤摆腿而左腿进行单脚支撑蹬地动作时，右臂和左臂分别从前、后最高点回摆；当两膝关节靠拢时，两臂摆至下垂点；当右腿着地成左右腿双支撑蹬地时，右臂后摆，左臂前摆；当左腿蹬地结束，右腿承接身体重心时，右臂摆至后高点，左臂摆至前高点。

关键环节：

（1）全身协调、稳定。

（2）动作自然、流畅。

（3）滑行有效、快速。

练习方法：

（1）原地模仿练习。

（2）穿轮滑鞋原地模仿练习。

（3）慢速度滑行状态的练习。

（4）逐渐过渡到正常滑行状态并提高滑行速度。

❖ 进入弯道技术

练习目的：使直道滑行与弯道滑行有机结合，更好地发挥弯道滑行的技术，提高滑行速度。

动作要领：正确地进入弯道技术是，进入弯道前要稍加大蹬地力量，以获得最大的“初速度”。如跑道的弯道半径较小时，从直道进入弯道的最后一步应该是右腿，在距弯道里侧线 1 ～ 2 米处向弯道里深入。如跑道弯道半径较大时，在进入直弯道交接处应以右腿滑进，距弯道里侧 1 ～ 2 米处向弯道里深入。进入弯道是右腿的前半步在直道区、后半步在弯道区，随着完成收回左腿动作，身体要大胆地向左侧前方倾斜，当倾斜到一定程度时，左脚应尽量靠近右脚做下轮动作，用轮子外刃贴近跑道线。注意重心适当前移，滚动下轮。当右脚做下轮动作时，身体重心要略偏后，注意上体前倾，含胸收腹，切忌身体后坐。

关键环节：

1. 直道滑行与弯道滑行有机结合，有效保障弯道滑行技术动作的完成。

2. 在比赛中能够防止对手超越。

3. 提高弯道滑行速度。

练习方法：

1. 原地模仿练习。

2. 穿轮滑鞋原地模仿练习。

3. 慢速度滑行状态的练习。

4. 逐渐过渡到正常滑行状态并提高滑行速度。

❖ 出弯道技术

练习目的：使弯道滑行与直道滑行有机结合，更好地发挥紧接于后的直道滑行技术，提高滑行速度。

动作要领：正确的出弯道技术为在弯道滑跑中，最后一步是右腿支撑身体向前滑进，其前半步在弯道区、后半步在直道区，头肩向左转动，使身体重心紧压在支撑滑行的右腿上，整个身体处于稳定的运动平衡状态。这时左腿以膝领先收回，两腿靠拢。当左腿收回并位于右腿内侧时，身体快速向左倾斜，左脚轮子的外刃着地，变成直道滑行。注意此时左脚的下轮动作应靠近右脚。当右腿蹬地结束后，左腿支撑身体在直道上滑出第一步。出弯道时整个身体应有顺势甩出的感觉。

关键环节：

1. 弯道滑行与直道滑行技术有机结合，有效保障直道滑跑技术

动作的完成。

2. 在比赛中能够防止对手超越。

3. 提高直道滑行速度。

练习方法：

1. 原地模仿练习。

2. 穿轮滑鞋原地模仿练习。

3. 慢速度滑行状态的练习。

4. 逐渐过渡到正常滑行状态并提高滑行速度。

起跑

❖ 侧向起跑预备姿势

练习目的：保持身体的静止和稳定，便于起动。

动作要领：当听到发令员发出“各就位”口令时，运动员以直立姿势站好，当听到“预备”口令时，运动员侧身向起跑方向，两腿与肩同宽平行分立，用轮子的内刃着地，将有力腿放在后面，两脚与起跑线呈 20 ～ 30 度角，身体重心落在两腿中间，两膝微屈，约呈 110 度角，膝盖内扣，上体前倾与地面呈 40 ～ 50 度角，前侧手臂自然下垂，后侧手臂向侧后平举，高度不超过肩，目视前方 8 ～ 10 米处，当听到枪声后立即跑出。

侧向起跑的主要特点是能用较强的蹬摆动作，克服人体的静止状态，取得前进的初速度。一般腿部力量较强的运动员会采用这种起跑法。

关键环节：

1. 两脚与起跑线呈 20 ～ 30 度角，上体前倾与地面呈 40 ～ 50

度角，身体重心落在两腿中间。

2. 两膝弯曲，约呈 110 度角，膝盖内扣。

3. 前臂自然下垂，后臂向侧后平举，高度不超过肩，目视前方 8 ～ 10 米处。

练习方法：

1. 原地模仿练匀。

2. 慢速度状态的练习。

3. 逐渐过渡到正常起跑状态并提高滑行速度。

❖ 正向起跑预备姿势

练习目的：保持身体的静止和稳定，便于起动。

动作要领：当听到发令员发出“各就位”口令时，运动员面向起跑方向，以直立姿势站在预备线前，当听到“预备”口令时，运动员两脚跟分开 5 ～ 10 厘米，脚尖分开呈 90 ～ 120 度角，用轮子

内刃压紧地面，两脚形外“八”字型站好。这时，两腿微屈，成 110 度，两膝关节前弓，身体重心落在两脚中间并稍偏前，身体重心投影点位于脚的前内侧，上体稍前倾，与地面呈 40 ～ 50 度角。如果右脚是有力脚，左臂放于体前自然下垂，右臂放于体侧后平举，高度不超过肩，目视前方 8 ～ 10 米处，当听到枪声时立即跑出。

正向的起跑姿势由于两脚离起跑线都较近，因而离开起跑线所用的时间就少，起动速度较快。因用身体重心前移克服人体的静止状态，所以需要腿的力量相对较小，一般为反应敏捷的运动员所采用。

关键环节：

1. 两脚跟分开 5 ～ 10 厘米，脚尖分开呈 90 ～ 120 度角，用轮子内刃压紧地面。

2. 两腿微屈，约呈 110 度角，两膝关节前弓。

3. 身体重心落在两只脚中间稍偏前部位，上体稍前倾，与地面呈 40 ～ 50 度角。

4. 目视前方 8 ～ 10 米处。

练习方法：

1. 原地模仿练习。

2. 慢速度状态的练习。

3. 逐渐过渡到正常起跑状态并提高滑行速度。

❖ 起跑后第一步

练习目的：使身体由静止状态在最短的时间内，以较省力并合理的技术动作获得最理想的速度。

动作要领：一般来说，跑出后的第一步即为起动，起动技术好坏在很大程度上将决定起跑的效果和起跑的速度快慢。

侧向起跑时：当听到枪声后，运动员应将前脚微微抬离地面并迅速外转，同时后腿用力蹬地，身体前倾，配合下肢动作，小振幅摆动双臂。外转的前脚，应用轮子的内刃着地，以踏切动作向前稍迈出，并使脚跟落于前进方向的中线上，臀部前送，重心垂直投影点落于两脚的稍前内侧。后腿蹬伸的蹬腿角为45度左右。正向起跑的起动技术基本与侧向起跑相同，但听到枪声后前脚不必有外转动作或外转幅度很大。

关键环节：

1. 身体重心前置，上体前倾。
2. 落地脚脚尖外旋。
3. 落地脚稳定扎实，没有侧滚轮现象。
4. 有效支撑身体重心，便于蹬腿用力。

练习方法：

1. 原地模仿练习。

2. 慢速度状态的练习。

3. 逐渐过渡到正常起跑状态并提高滑行速度。

冲刺

❖ 滑行冲刺

练习目的：巩固整个滑行过程结果，并根据战术需要占领有利位置，获得好的成绩。

动作要领：速度轮滑的冲刺一定要果断，应先抢占有利位置，并在对手反应之前突然起动。长距离项目的滑行冲刺距离应长些，应该早一点发起冲刺，一般在离终点线 200 ～ 400 米便开始冲刺；短距离项目的滑行冲刺距离短一些，一般在离终点线 100 ～ 200 米开始冲刺。冲刺的发起时间一定要掌握好，冲刺的距离随运动员水平的提高而加长。冲刺发起过晚，容易失去战机，被对手落下；发起时间早了，容易被对手赶超。

在速度轮滑的最后冲刺阶段，运动员由于体力的消耗，应以顽强的毅力，保持正确的滑行动作，用最高速度滑行完全程。必要时可加大蹬地力量和摆臂的幅度，适当缩短惯性滑进的距离，加快动作频率。

关键环节：

发动自然，迅速，发动时机适宜，动作技术合理，有效提高滑行成绩。

练习方法：

1. 原地模仿练习。

2. 慢速度状态的练习。

3. 逐渐过渡到正常滑行状态并提高滑行速度。

❖ 终点撞线

练习目的：巩固冲刺滑行过程结果，获得好的成绩。

动作要领：撞线是速度轮滑运动员接近终点时的一种特殊滑行动作。运动员在撞线时要改变原来的滑行节奏，并注意撞线的距离不能过长。一般在接近终点线 3 ～ 4 米处，加大身体向前倾斜的角度，一条腿猛力伸出，踏过终点线。

关键环节：

撞线突然、迅速，时机掌握适宜，技术动作合理，有效提高滑行成绩。

练习方法：

1. 原地模仿练习。
2. 慢速度状态的练习。
3. 逐渐过渡到正常滑行状态并提高滑行速度。

第六章

滑板运动概述

滑板运动是轮滑运动项目之一，是运动员脚踩滑动的器材，在不同地形、地面及特定设施上，在音乐的旋律下，完成各种复杂的滑行、跳跃、旋转、翻腾等高难动作的技巧性运动。滑板运动的动作极其敏捷而协调、高难而惊险，具有很强的趣味性、刺激性和吸引力，深受青少年喜爱。

滑板运动的起源与发展

❖ 滑板运动的起源

滑板运动是一项移植的项目。在 19 世纪 50 年代，美国波利尼西亚人利用一块普通木板或价格昂贵的轻木制成的冲浪板在惊涛骇浪中寻找乐趣。到 50 年代中期，模压聚氨酯泡沫和玻璃纤维取代了木制冲浪板。这些新型冲浪板的机动性和耐用性使得冲浪运动在50年代末大为流行。

滑板运动是冲浪运动在陆地上的延伸。在19世纪60年代，美国南加利福尼亚州海滩社区的居民，为了克服冲浪运动受地理和气候条件制约的弊端，保留冲浪运动的特性，模仿冲浪板的形状，制成了“滑板”的板面，并将轮子装于板下，发明了世界上第一块滑板，从此诞生了今天风靡全球的滑板运动。

❖ 滑板运动的发展过程

滑板运动随着滑板的变革，运动技术得到不断的发展。世界上第一块滑板的诞生，便拉开了滑板运动的帷幕。第一块滑板是由一块50厘米 ×10厘米 ×5厘米的木板固定在轮滑的铁轮子上。就是这个简单的运动器材，给滑板运动爱好者带来了如同冲浪运

动所能得到的乐趣及心理感受，强烈地吸引了广大青少年爱好者。但是，由于当时滑板的板体笨重、缺乏弹性、轮向机构不灵活、铁轮子太滑等缺点，所以这个时期技术发展缓慢，只能完成较简单的直线滑行和缓慢转弯动作，多属于以娱乐消遣为目的的一般活动。

进入20世纪60年代（1962年），工业技术的发展，促进了滑板器材的改进。笨重粗糙的第一代滑板，制约了滑板运动技术的发展，滑板运动爱好者经过反复研究与实践，制成了由橡木多层板压制而成的15厘米 ×60厘米的板面，在板面下设置转向架，用塑料轮子取代了铁轮子，从滑板的工艺、质量来说，这是一次质的飞跃。滑板器材的改进，推动着滑板运动技术的发展，创造出曲线滑行、急剧转弯、跳跃、旋转等难度大的新动作，吸引着更多的青少年参加滑板运动。但是，随着滑板运动技术水平的提高，第二代滑板性能的缺欠也逐渐暴露出来。由于塑料轮子的附着摩擦较小，故在滑板急转弯时容易失控；另外，因为塑料轮子的弹性较低，严重影响跳跃技术的发展。因此，滑板的性能又成为提高运动技术水平的主要障碍。

进入70年代后，随着科学技术的迅猛发展，滑板运动爱好者又研制成聚氨酯材料的轮子，这种轮子柔韧性强、耐磨，而且富有弹性，大大地推动了滑板运动技术的新发展。70年代中期，不仅滑板运动的技术有了新发展，而且滑板运动已向着社会化方向发展。美国出现了许多专门研制滑板的制造公司，科技人员在研制成聚氨酯轮子的基础上，又对滑板的板材、板形进行了系统的改革与研制。就板材而言，它经历了硬塑料、铝合金、玻璃纤维和碳素纤维的换代，但其性能都不理想，最后选择了寒带木材——加拿大的糖枫木为原料。这种木材重量轻、密度大、抗击性能好，压合成12层、9

层和现在的7层板面。板材重量的减轻，无疑又为滑板运动的技术发展创造了有利条件。经过反复研究，筛选出优质的板材后，又对板形和板的结构方面进行研究。他们根据力学原理，本着为运动员变板活动提供方便的目的，先将原来的平板面形改制成板尾翘起的板形，随后又研制成了板头、板尾都翘起的新板形；板形的变革有利于技术的创新。在板面上设置脚窝，将转向架由弯头式改为直插式，轮子硬度加大，直径缩小，更有利于滑板运动技术的发展与提高。总之，由于滑板板材、板形、结构的不断改进和质量的提高，滑板运动创造出许多新的滑行技巧和难度高的新动作。从滑行技巧来看，不仅能在不同的地形上滑行和完成各种旋转、刹车、跳跃障碍等动作，而且由于滑板速度的提高和重心的降低，滑板手创造出冲上垂直壁、转体及翻腾等高难动作。场地由原来模拟冲浪的波形场地，开发出圆底游泳池的形式，从而有了特殊的滑板运动方式，即从臀窝滑板到其后的半管式（U形池）滑板运动，并举行了各种比赛。随着滑板运动的日益发展，从器材、场地、音乐和服装等方面都不带有其他运动项目的痕迹，成为独具特色的一项体育运动。

❖ 国际滑板运动的简况

滑板运动始源于美国，深受广大青少年的喜爱。20世纪70—80年代，美国首先成立了滑板运动协会——全美滑板协会（NSA）。在各大城市的马路和校园，到处都可见到滑板运动爱好者的身影。美国从70年代起就组织了全国性滑板运动比赛，在1978年全美滑板运动锦标赛上，青年Peralta夺得了冠军，于是美国滑板制造商Powell以Powell Peralta作为其滑板的商标，以此来推销其滑板并推动滑板运动的发展。

在美国，有着众多滑板制造公司，为了进一步推动滑板运动的

发展和推销其各自商品，这些公司相继组织了职业滑板队。其中著名的有白骨滑板队、西风滑板队、八球滑板队等。其队员均由欧美著名滑板好手组成。最著名的有托尼·豪克、史蒂夫·卡勃莱罗、兰斯蒙顿、丹尼·威、费兰克·西尔。尤为突出的是托尼·豪克和史蒂夫·卡勃莱罗。豪克 9 岁开始从事滑板运动，15 岁夺得全美滑板运动冠军，并曾先后 8 次获得金奖滑板运动冠军，连续 6 年被评为美国滑板运动协会最佳排名的职业运动员。卡勃莱罗在世界 U 型坡道比赛中，创造出腾空高度超出上沿 3.35 米的最好成绩，这一成绩被列入吉尼斯世界纪录。

1981 年，美国滑板运动协会和欧洲滑板运动协会在前西德联合举办了第一届世界杯滑板运动比赛。从此，正式将滑板运动推上了世界竞技体育舞台。

❖ 我国滑板运动的兴起

20 世纪 80 年代末，滑板运动传入我国。最早引入这个项目的是北京体育学院（目前的北京体育大学）。当时参加滑板活动的不过是几名日本留学生和我国澳门的学生。几乎在北京体育学院悄悄进行这个项目训练的同时，另一股热衷于滑板运动的力量在深圳、广州和北京的马路上诞生，据说其启迪和影响来自一部叫作《危险之至》的美国惊险故事片。在这部影片中，人们在关注男女主人公命运的同时，更注意他脚下那块出神入化般的滑板，滑板运动爱好者从《危险之至》中开了眼界。此后世界著名的美国白骨滑板队来华表演，在华夏大地上引起了不小的震动。滑板运动从此在我国骤然兴起，并形成燎原之势。仅北京就有上万青少年参加滑板运动。人们可在公主坟、柳荫公园等处看到聚集的滑板运动爱好者，至于街头巷尾的“零散部队”，则是数不胜数。继北京柳荫公园开业的一处可供上千人训练和娱乐的滑板场之后，又在天津长虹公园内组建了一个被命名为“哪吒”的滑板俱乐部，修建了完全以美国正规训练场地为模式、占地1 600平方米的滑板场。除了北京、天津、鞍山、哈尔滨等城市外，在兰州也兴起了滑板运动热。作为先行者，北京的祥云滑板队已成为中国滑板运动爱好者中的佼佼者。在10多名队员中，已人人掌握了一项“绝技”，他们带动着我国滑板运动的开展与提高。

滑板运动在我国经历了诸如“超牌杯”“九龙杯”之类的小型地方性比赛后，1993年8月终于在北京首都体育馆外滑板场，举行了首届全国滑板运动比赛，有11个队52名好手参赛。结果，北京体育学院的赵劲松获得了成年组冠军，哈尔滨的刘大力获少年组规定动作的金牌，祥云滑板队的赵森获得了少年组自选动作的金牌。

❖ 滑板运动的前景

随着滑板运动技术的发展，运动用具及器材将无法适应滑板运动的需要，势必出现新的技术革命。

人们应用现代科技，研制新型的滑板和滑板器材。滑板的板形、板材、转向装置的变化，将使滑板更灵活，更便于人们操作。滑板器材将由更先进的材料制成，它柔韧，具有很大的硬度，表面光滑而且耐用。这不仅能加快运动速度，而且不易受硬性伤害。选手们利用滑板和滑板器材充分发挥人体运动的潜在能力。

滑板不仅适合在水泥、马路、胶合板及合成塑料等材料上运动，而且适合在冰上、雪上运动。它势必被人们所接受、被社会所承认。目前单板滑雪已被列为奥运会的表演项目。

滑板运动的特点

滑板运动除具有一般体育运动项目的特性外，还具有其自身的

娱乐性和竞技性、选择性及惊险性等特点。

❖ 娱乐性与竞技性

滑板运动自它诞生之日起，就是以其在活动中寻求乐趣为主要特征的一项运动。滑板运动爱好者在音乐的伴奏下，驾驭着滑板在不同地形的地面上完成各种不同的动作，或克服形形色色的障碍后体验到无穷的乐趣，是滑板运动的一种特殊享受。同时，滑板运动员在竞赛和表演时以纯熟而高超的技艺，完成各种高难、惊险而优美的动作，如脚带滑板、忽上忽下、忽左忽右、跳跃障碍、翻腾转体等，不仅使观赏者大饱眼福，赞叹神往，同时还获得了一种美的享受。

随着滑板运动技术的发展，滑板运动爱好者已不满足于娱乐消遣之类的活动，而追求在竞技场上展示自己的高超技艺，因此原本主要供人们健身娱乐的滑板运动又增添了竞技的特点。

❖ 选择性和实用性

滑板运动是一种选择性较强的体育运动项目。由于其场地坚硬，运动速度快，动作比较复杂惊险等，使它不同于男女老幼均可参加的体操、武术、舞蹈等其他项目，所以从事运动的对象主要是青少年，被称之为“青春运动”。

参加体育运动主要是为了健身和竞技，而参加滑板运动除了上述两个目的外，还有一个特殊的实用性。国外一些滑板爱好者在掌握了一般滑板运动技巧后，到近距离的市场购物，上学常常蹬上滑板自由自在地往来。他们风趣地说：“滑板作为交通工具既不花钱，又便于保管，节约了费用，又锻炼了身体，是一种经济实惠的交通

工具。”它是滑板运动的独具特点之一。

❖ 强烈的刺激性

青少年在生理上处于生长发育时期，在心理上也是最富于探索、冒险、好胜的时期。他们朝气蓬勃，而且初生牛犊不怕虎，乐于在冒险的活动中寻找乐趣。

滑板运动恰能满足青少年的这种心理。因为滑板运动爱好者是在特殊的用具上和特定的器材上高速滑行穿跳不同障碍，完成转体、跳跃、翻腾等不同的动作。尤其是在U形池中完成凌空转体或翻腾动作，更是扣人心弦，所以参与者与观赏者同时能感受到“危险之至”的心理体验，又称它为“勇敢者的运动”。

滑板运动的内容与分类

❖ 比赛项目

滑板运动虽然是新兴的体育运动项目，但是其发展迅速，目前国际上正式比赛的项目有以下几种：

1. 障碍跑

在跑道上尽可能快地越过各种障碍。

2.（花样赛）半管式

即在U形坡道上表演的跳跃、空翻、转体等技巧。

3. 自选动作

在规定的时间内充分利用滑板的各个部位完成规则规定的各种动作或创新的灵活、多变的技巧动作。

4. 速滑对抗赛

在跑道上进行速滑比赛。

❖ 动作内容

滑板运动的内容丰富多样，为了便于教学、训练，根据当前国内外已出现的动作，归纳总结大体分为以下几类：

1. 障碍滑板

（1）陆地动作：滑行、刹车、跳跃、倒板。

（2）特定器材上的动作：搭、探、卡、骑、腾起。

2. 花样滑板

（1）滑行类动作。

（2）卡类动作。

（3）骑类动作。

（4）起板类动作。

（5）腾起类动作。

3. 自选滑板

（1）起板跳上板动作。

（2）滚板跳上板动作。

（3）翻板类动作。

（4）各种跳上板动作。

（5）旋转动作。

❖ 滑板运动分类

根据滑板运动的特点和运动形式，可分为马路式、下坡式、半管式、自由式、游戏式五种。

1. 马路式（street style）

马路式因其在马路上进行滑板运动而得名，其也是滑板运动的

诞生地。它是滑板运动的最基本形式。马路式包括在水泥、沥青面的人行道上，台阶上以及一切可利用的天然障碍和人工障碍上进行滑板运动。它既可以以娱乐消遣为目的进行自由滑行和滑板游戏，又可根据规则要求进行滑板运动竞赛。所以说，它是滑板运动的最基本的方式。

2. 下坡式（downhill）

下坡式是在盘山公路上或在专门设置的场地上进行的一种滑板运动。其特点是宛转高速。它类似近些年东西方流行的单板滑雪，它除了利用滑板滑行外，还可以用手的附加支撑做转弯或侧撑滑行。也可设置简易绕标，在下滑中完成大小回转动作。最快时可达60 ~ 70千米，主要用于竞技比赛。

3. 半管式（half - pipe）

半管式是在特定的场地上进行的滑板运动，半管式又称为“U形坡道”或“U形池”,因其场地像半个庞大的管子,故称其为半管式。其特点是：飞荡起落，惊险刺激。由于滑板手是由半管一侧上端起滑的，处于高位能和低阻力，使滑板速度迅速发挥，所以滑板手能完成空中飞腾转体、空翻等惊险动作，主要用于表演和比赛。

4. 自由式（free style）

自由式即自选动作比赛。它必须按照规则或规程的要求，自由选择不同难度的动作组合进行表演、比赛。它不需要较大的场地、较多的设备，只需要一小块水泥或沥青面的空地，利用手、脚使滑板巧妙地变化、花样翻新。它要求滑板手具有较强的灵活性、创造性，可充分发挥滑板者的聪明才智，利用滑板可提供的一切潜力进行表演，如旋转，倒立，两轮滑，单轮滑，手、脚翻板。

5. 游戏式（game style）

借助于滑板进行的各种娱乐活动，如滑板跳水、滑板冰球。

第七章

滑板运动的场地与装备

滑板运动是在马路上诞生的，练习时不受场地、设备的限制，是娱乐性、刺激性很强的运动。但随着滑板用具的改进，人们不满足于地面上的活动，便创造出各种障碍（赛道）。各种赛道的出现加速了滑板运动的发展,促进了运动技术水平的提高。滑板运动集滑雪、轮滑、体操于一身。场地简可街头巷尾、马路校园，繁可修有复杂地形的专用场地。

滑板运动的场地设施

滑板运动场馆是开展此项运动的保证，是培养人才的重要条件。本节介绍对滑板场馆的要求、场地的布置、安全。

❖ 对滑板场馆的要求

1．馆址的选择

根据实际出发，选择阳光充足、环境幽静的地方。由于滑板运动是在一定的速度下才能发挥其特点，因此滑板馆长 60 米左右、宽 40 米左右。

2．馆内设备

馆内应有足够的照明光线，分布要均匀，不能出现复影。地面

最好是胶合板、密度板等具有一定硬度、光滑的地面。如没有条件，水泥、沥青地面也可，但应具有一定的硬度、表面光滑。器材是多层胶合板、玻璃钢、密度板等，要求有一定硬度、厚度、韧度，能承受滑板选手数次跳跃，腾空飞起后人、板的冲击。滑板器材的颜色为木色。

3. 滑板馆内的温度

冬季应保持在 12℃～15℃之间，暖气的安装不暴露在墙外，并与地面有一定的距离。馆内光线充足，窗户要大，通风良好。附属房间应设：(1) 更衣室；(2) 卫生间；(3) 淋浴室；(4) 管理室。

❖ 对滑板场的要求

1. 场址的选择

根据实际出发，选择阳光充足、环境幽静的地方。由于滑板运动是在一定速度下才能发挥其特点，因此滑板场应长 60 米左右、宽 40 米左右。

2. 设备要求

根据条件可自制器材，若场地固定，可自制水泥器材（半管式赛道不适合）。场地与赛道表面应光滑，具有一定硬度，要注意器材的防雨。对滑板场的要求应根据当地的具体条件、情况而定，同时应因地制宜。设备有：(1) 金字塔；(2) 半管和碗；(3) 模拟手扶梯；(4) 扶手；(5) 起跳台；(6) 不同坡度和弧度的坡差；(7) 垂直壁。

滑板用具

用具即“滑板”。滑板英文为“skate boards”，它是由板面、轮滑转向桥、轮、轴承构成的。目前有一头翘和两头翘滑板，现以一头翘滑板为例介绍滑板各部位名称。

❖ 滑板各部位名称

1. 板头：一头翘滑板，宽而尖、非翘的一端为板头。
2. 板尾：一头翘滑板，较窄圆滑并翘起的一端为板尾。
3. 轮滑转向桥：与板底连接的金属架，呈三角形。
4. 轮：与地面接触，使滑板滑动的部件。
5. 轴：桥与轮之间较细的部分，插入轮中，起固定轮的作用。
6. 肋：两桥之间的板面。

❖ 滑板用具附件

用具附件又称为保护附件，主要作用是保护滑板，降低滑板的磨损程度。

1. 头骨：即板前部的保护件。
2. 颌骨：板前下部件的保护件。
3. 肋骨：板肋底部的保护件。
4. 尾骨：板尾底部的保护件。

滑板器材设备

目前我国滑板运动竞赛有障碍赛、“半管式”竞赛，以障碍赛为主。

❖ 障碍赛滑板运动

1. 跳台

跳台是障碍赛的一种特定障碍，分大跳台、中跳台、小跳台。在各种跳台上可完成腾起蹲转 180 度、360 度，腾起探板、腾起展腹；

滑上转体 180 度滑下、滑上单脚探板滑下等动作。这些特定器材是由木制框架和胶合板坡面构成的带有弧度的坡道。

（1）小跳台：上沿与地面距离 40 厘米，坡道宽 60 厘米。

（2）中跳台：上沿与地面距离 60 厘米，坡道宽 128 厘米，底架长 170 厘米。

（3）大跳台：上沿与地面距离 80 厘米，坡道宽 85 厘米，底架长 170 厘米。

2．斜板

斜板是障碍赛的一种特定障碍。在斜板上主要做各种滑行、小跳等动作。如滑上带板跳下，滑上蹲跳转体 180 度滑下，滑上跳倒板等 7 种动作。斜板是由木制框架和胶合板坡面构成。滑行的坡道是斜面，上沿与地面距离 120 厘米，坡面宽 230 厘米，架底长 250 厘米。

3．出发台

出发台是由木制框架和胶合板坡面构成。坡道带有弧度。上沿与地面距离 90 厘米，坡道宽 150 厘米，台面长 40 厘米，底架长 180 厘米。在出发台上可做各种滑上、下轴动作。如滑上卡前轴骨上卡轴跳转 180 度滑下等动作。

4．双肋杠

双肋杠是由两个圆形铁管与起固定作用的支架构成。长不得少于 300 厘米（但也不易过长），支架高 20 厘米。在双肋杠上可做各种骑的动作，如正骑肋、反骑肋、骑轴、骑板头、骑板尾等。

5．垂直壁

垂直壁是由木制框架和胶合板制成。上沿与地面的距离 170 厘米，壁宽 180 厘米，底长 105 厘米。在垂直壁上可做滑上滑下、由

滑板的手撑地滑上转体 180 度滑下动作。

6. 山形坡道

山形坡道是由木制框架和胶合板制成的两个三角形和两个带有弧度的坡道，山顶与地面距离 60 厘米，坡面宽 120 厘米，底长 160 厘米。外形似山，故称“山形坡道”。在山形坡道上可从一侧坡面腾起做各种动作下落到另一坡面。动作有：起板跳上板下落在另一坡面，蹲腾起下落至另一坡面，单臂手倒立下落等。

7. 金字塔

金字塔是由木制框架和胶合板制成的两个长方体与四个斜坡道。上面长方体长 365 厘米，顶宽 245 厘米，下面长方体底长 685 厘米，底宽 460 厘米，上端与地面距离 60 厘米。在金字塔上可设模拟手扶梯。金字塔动作主要是各种跳上跳下动作。如蹲跳上、360 度倒板上、带板跳上、剪脚、倒板等跳下动作。模拟手扶梯上可做骑肋动作、骑轴动作、带板跳跃动作。

❖ 花样滑板运动

花样滑板运动的特定器材是“半管式”（U 形池），它是由木质底座、支架、横梁和胶合板坡道构成。在上沿镶上角铁，上沿与地面距离 320 厘米，坡道宽 490 厘米，底长 900 厘米，上沿台面 120 厘米。在半管型坡道上主要完成各种翻腾和旋转等动作。

滑板的挑选、保养及注意事项

❖ 滑板的挑选

如何挑选滑板是广大滑板爱好者面临的第一个问题。挑选的滑板是否合适，将影响滑板者的兴趣和学习滑板的信心。目前我国市场有三种滑板。第一种是玩具滑板。这种滑板抗阻性能差，板质差，板面尾部没有凹形，轮子是没有弹性的塑料轮子。它不能学习滑板的技术动作，只能暂时得到心理满足。价格在 50 ～ 100 元。第二种是美国进口的魄翱滑板。板面是抗阻性能好、重量轻的加拿大糖枫，采用美国斯蒂文森专利的凹型板尾和绍尔公司发明的、魄翱公司享有专利的跨越大障碍物的聚氨酯轮。这种滑板性能好，能跳跃各种障碍，完成各种技巧性动作，但价格较高，在 400 ～ 600 元。第三种是我国金超滑板，金超滑板是我国知名度较高的滑板，它的性能接近国际水平，被国内同行认可，被滑板爱好者所接受，为中档价格。

滑板的速度、超越障碍的能力主要决定于轮子的硬度与反弹。如果所有其他因素都相等，轮子越硬，其速度越快，附着摩擦力也越小；硬度越低，反弹越高。比如，硬度 80A 的轮子，最大反弹到

80%；硬度 88A，最高反弹下降到 73%；硬度到 98A，最高反弹只能达 64%。绍尔 A 硬度指度范围为 0 ～ 100，越高越硬。但是绍尔 A 硬度指度范围在 93 以上不按比例分布，而是按某种指数级数分布。高反弹还是高硬度，如何选择？因为轮子的速度是硬度和反弹这两个主要变量函数，因此在为某一种特定板面选择轮子的时候，选择合适的反弹和硬度的最佳配合，是至关重要的。一般来讲，在光滑的表面（半管坡道）上滑行，为取得速度和高度，应选择较硬的轮子（90A 以上），在较粗糙的表面（马路）上应选择较软的轮子（85A 或 85A 以下）。这样我们可根据自己所需，选择板面、轮子。

❖ 滑板的保养

1. 防止滑板沾水，尽量不要使滑板沾水，若进水可能使轴承生锈，影响滑板的运行。

2. 定期保养。每隔一个半月，要保养轴承一次。保养时，用活扳手卸下螺母和垫片，取下轮子，撬下轴承，清洗后加一薄层黄油装复。略给轴承一定的间隙使其灵活运转。

3. 定期检查。定期检查各螺栓的松紧，及时上紧松动的螺栓。

4. 板上加保护附件。为了减少板面的磨损，可在板上加保护附件，安装在板头；颌骨安装在板头的两侧；肋骨安装在板底部两侧；尾骨安装在板尾底部。但加保护附件后的滑板较重，做动作时感到较沉。

❖ 练习滑板时的注意事项

滑板运动的特点决定了滑板运动具有一定的危险性。当滑板传入我国初始，我国选手不了解滑板性能、技术原理，一切从摔打开始，起步艰难。摔打与滑板运动共存。至今无论是初学者还是具有高超技艺的滑板手，都不可避免摔跤、跌倒。那么怎样摔跤？在摔跤中

如何有效地保护自己？下面介绍滑板运动的基本安全措施，供滑板爱好者参考。

1. 护具

护具是滑板运动安全措施之一。包括头盔、护肘、护手、护膝、护胫、手掌。

（1）护手

护手是滑板运动最常用的护具之一。运动中摔跤、跌倒常用手撑地面，腕部易损伤。由于护手的长度至前臂的 1/3 处，可起到保护腕关节的作用。所以护手是滑板者，特别是初学者的必备护具。

（2）护肘

护肘是保护肘关节的护具。由于滑板场馆地面坚硬，摔倒时肘关节与地面接触，出现擦伤和挫伤，护肘起到保护肘关节的作用。

（3）护膝

护膝是保护膝关节的护具。

（4）头盔

头盔是滑板运动常用护具之一，它类似摩托车帽，表面光滑、坚硬。由于滑板在运行过程中速度快，易出危险，佩戴头盔能起到保护头部的作用。

（5）护胫

护胫是滑板运动使用最少的又较重要的护具。主要用于带板跳跃类动作。练习带板跳跃动作时，脚在空中踢出位移的技术难以掌握，着陆时胫骨经常撞击板头，疼痛难忍，严重时可失去学习滑板的勇气。因此初学者带板跳跃类动作时应戴护胫。

（6）手掌

手掌类似鸭掌，是种手托。它由硬材质制成，耐磨。在速度滑板运动中可用手撑地，以手为支撑，脚可来回滑动。护具可根据项目特点选配。障碍滑板通常佩戴护手、护肘；花样滑板通常佩戴头盔、护膝、护肘。

在滑板运动中，我们常看到滑板者不佩戴任何护具在急速滑行、穿越阻障。这是由于戴上护具使皮肤与空气接触减少，感到闷热，减少了滑板者舒畅与刺激的感受和心理体验。他们往往忽视了安全，在突发情况下会出现意想不到的后果。为了安全，请滑板者佩戴护具，只有在保证安全的情况下，才能从事自己所喜爱的滑板运动。

2. 自我保护

自我保护是防止运动损伤的重要方法之一。掌握自我保护的方法可减少滑板者的紧张心理，避免硬性损伤。自我保护能力随运动技术水平的提高而提高。初学者自我保护能力相对较弱，技术水平较高的选手相对自我保护能力较强。下面介绍几种常用的自我保护方法。

（1）利用惯性

滑板运动速度快，地面坚硬，若出现危险时应保持头脑清醒、冷静，迅速采取措施，做出相应的反应。出现危险时可顺势下蹲，避免反关节撑地、落地（直臂、直膝），手撑地后顺势滚动；速度快、冲击力大时，首先保持肌肉紧张、含胸、低头，保护头部、颈部及易损伤的部位，尽量避免直接着地，减少损伤部位与程度。

（2）及时停止练习

身体不适、滑行中出现行人或与其他滑板者相遇，以及器材破损等情况应及时刹车，或从滑板上跳下，但不要一脚在板上，一脚在地面上，这样易损伤髋、膝关节。

（3）改变身体姿势

动作过程中，由于技术不正确，若按正确技术完成动作，将出现危险，此时应及时改变身体姿势，以确保安全。如腾起展腹，由于腾起的高度不够，若继续完成展腹动作将出现危险，为了安全将展腹改变成蹲的姿势。

（4）改变动作

运动技术水平较高的选手才具备此能力，它主要用于表演、比赛。在比赛中为了掩盖动作失败，打破原有的、固定的动作连接，改变后面动作，给人一种原有编排感。

❖ 服装

每一个运动项目的服装，都是为了便于项目自身的运动而设计。为了适应滑板运动的需要，充分活动身体、保护身体，特设计滑板短衣、短裤、滑板鞋。要求在比赛时穿滑板服装。滑板短衣是由棉线织成的圆领宽松半袖衣。它柔软、吸汗、遮光，可加速人体与外界空气的交流。

滑板短裤是由粗布制成的过膝宽大短裤。它便于运动、遮光能力强、不贴身，使身体所出的汗迅速散发。滑板短裤独特、美观、耐用。同时，滑板手在摔倒时，可利用服装来缓冲对地面的冲击力。

滑板鞋是高帮粗布胶鞋。鞋的前外侧挂有粗纹胶，高帮起保护踝关节的作用；胶鞋轻便，容易控制滑板；挂胶可满足技术的要求，而且耐磨。

第八章

障碍滑板的基本技术和练习

陆地动作

❖ 滑行

在各种地形的地面上移动为滑行，包括直线滑行、曲线滑行。

1. 直线滑行

滑板在地面上移动，所留下的痕迹呈一条直线。

（1）单脚蹬地滑行

单脚蹬地滑行通常是各种动作的起滑，使滑板产生向前运动的速度，以便完成各种动作。

完成方法：以左脚在板上为例。左脚踩在板上前桥稍后，脚尖稍内扣，半蹲，重心在支撑腿上，头向前看，胸正对膝关节，右脚在板上脚侧的地面上。蹬地时足跟先着地，过渡到前脚掌，前脚掌用力蹬地，脚蹬地后附着在支撑腿的侧方。

练习提示：重心始终保持在支撑腿上；蹬地脚在板上脚的侧前方蹬地；蹬离地面后保持较长时间的单腿支撑，再进行第二次蹬地。

（2）脚分立后轮滑行

完成方法：利用单脚蹬地滑行所产生的速度，一脚踩在板上前桥稍后，另一脚踩在板尾后翘，重心在两脚之间，膝关节微屈。借助于向前滑行的速度，前腿逐渐抬起，随之重心后移并加大膝关节的弯曲，前轮慢慢抬起。臂自然抬起，来维持平衡。

练习提示：重心后移，前腿逐渐抬起；重心后移的同时加大膝关节弯曲，随之降低重心；单脚蹬地滑行的速度应快，借助它的速度来体会动作。

（3）脚分立前轮滑行

完成方法：借助于单脚蹬地滑行，一脚踩在板上前桥稍前，另一脚踩在板尾后翘，重心在两脚之间，膝关节微屈，肩对滑行方向。重心逐渐前移，后轮抬起，调整重心，两臂在体侧维持平衡，利用前轮向前滑行。

练习提示：重心逐渐前移时上体稍后，逐渐加深膝关节弯曲。它要求滑板者具有较强的身体控制能力。

（4）脚分立减速滑行

减速滑行是滑行时利用后轮、板尾对地面的摩擦，在地面上移动，使运动速度减慢的动作。

完成方法：脚位与脚分立后轮滑行相同，肩对滑行方向，臂自然分开，借助于向前滑行速度，前腿逐渐抬起，随之重心后移，板尾着地，向前滑行的速度逐渐减慢。滑行的速度取决于板与地面摩擦力的大小。

练习提示：后脚用力不要过大，若用力过大会使运动停止；重心应逐渐降低。

易出现的错误：用力不均匀，不是用力过猛，就是用力过小；重心调整不好。

2. 曲线滑行

曲线滑行是指滑板在地面上的移动，运动轨迹呈曲线。曲线滑行所采用的开始姿势是滑板运动基本姿势。即一脚踩板上前桥，另一脚踩板尾后翘，膝关节微屈，重心在两脚之间。

（1）扭动滑行

扭动滑行是滑板运动的基础动作之一。它是利用身体的扭转，

使滑板向前移动的动作。运动轨迹呈“V”字形。

完成方法：以左脚在前、右脚在后为例。采用滑板基本姿势侧对滑行方向站立，膝关节向左扭转，随之重心逐渐后移，胸转向正对滑行方向。重心继续后移，左脚蹬地使板头抬起，偏离直线方向，向“V”字形的第一斜线方向移动，胸逐渐转向正对板头方向。重心继续后移超出支撑面，随着向前滑行的速度，移动下支撑点，使重心逐渐恢复并接近支撑面，随之重心降低，上体向脚尖方向（左）转，此时上体与下肢呈扭动姿势，上体右移超出支撑面范围，左脚向后蹬地，使板头抬起，向“V”字形另一斜线方向移动，重心继续前移，逐渐转向肩对滑行方向。移动下支撑点，使重心逐渐接近支撑面，随之重心降低，膝关节扭转，重心后移，上体逐渐转向胸对滑行方向，开始第二次扭动滑行。

滑行时应利用上体姿势的变化和膝关节扭转来加大运动幅度。也就是说，动作幅度的大小决定于膝关节的扭转和上体方向的变化。

练习提示：膝关节始终保持微屈，注意重心的移动，蹬地脚应充分蹬地。

易出现的错误：膝关节没有扭转，上体没有方向变化，只是靠脚蹬地的力量完成动作；重心移动不明显。

练习方法：陆地模仿，重点练习膝关节扭转、上体的转动、重心移动与脚蹬动作配合板上练习；陆地模仿与上板配合练习。

（2）“S”字形滑行

“S”字形滑行是曲线滑行的一种，它的最大特点是四轮不离开地面，运动时主要通过身体重心的移动和身体的扭转，利用阻力距来完成动作，运动轨迹呈“S”字形。

完成方法：以左脚在前、右脚在后为例。采用滑板基本姿势站住，借助于向前滑行的速度，膝关节向左扭转，重心后移，胸逐渐转向正对滑行方向。板头偏离直线方向，重心继续后移使之远离滑板，胸逐渐转向板头方向，并继续向左转动。利用移动下支撑面，使重心逐渐接近支撑面，随之降低重心，身体向脚尖方向移动。上体向右回转逐渐转向肩对滑行方向，重心远离支撑面，膝关节向左扭转，准备进行第二个“S”字形曲线滑行。滑行时，膝关节弯曲大于扭动滑行。

练习提示：膝关节的扭转与上体转动的配合，重心的移动。

易出现的错误：只前后移重心，上体与膝关节没有动作，运动轨迹呈“J”字形。

（3）转体 180 度滑行

转体 180 度滑行是曲线滑行的一种。可单独作为一个动作，也可连续转体 180 度滑行。

完成方法：以右脚在前为例。采用滑板基本姿势侧对滑行方向站立，借助于滑行速度加大膝关节弯曲接近半蹲。脚用力向下踩板蹬地，重心后移并移至板外，右脚向后平拉，左脚向前平推，身体带动板向右转动 180 度，转动时轮不离开地面。

练习提示：重心移动到支撑面范围之外；脚蹬地，脚的动作是一脚前推，同时另一脚回拉动作；上体带动板转动。

易出现的错误：以后轮为支点，板头抬起转动；重心不后移或重心后移不够。

练习方法：陆地模仿、上板练习。

❖ 刹车

刹车是利用特定技术，减慢运动速度，使运动停止。

1．单脚拖地刹车

完成方法：在运动中使运动停止，可采用单脚拖地刹车。首先将一脚踩在板上前桥，脚尖对板头方向，另一脚下板至板上脚侧前的地面上，上体稍前倾，膝关节弯曲，重心随之移到地面的腿上。板继续向前移动，使板上脚移至板尾后翘。板上脚向下踩板，板尾拖地，上体逐渐抬起，使板尾与地面接触，运动停止。

练习提示：一脚下板脚着地时，随之移重心。

练习方法：单脚蹬地滑行、上板结合单脚拖地刹车。

2. 板尾拖地刹车

完成方法：脚位与脚分立后轮滑行相同，重心后移，前腿逐渐上抬，板尾拖地，板尾脚用力下踩，利用板与地面的摩擦使运动停止。可用于成套动作的结束。

练习提示：重心后移，同时重心下降；重心应保持平稳，不要突然停止运动。

练习方法：首先掌握脚分立后轮滑行，才可进行刹车的练习。

3. 转体 180 度刹车（转身刹车）

凡练习转体动作，我们会遇到方向问题，在练习转体动作时，板头向脚尖的方向转动为正向转体，板头向足跟的方向转动为反向转体。动作中不指明方向时为正向。

转体 180 度刹车是运用板尾与地面的摩擦，身体带动板转体 180 度使运动停止的动作。运动轨迹呈“q”字形。

完成方法：一脚踩板上前桥稍后，另一脚的足跟踩板尾后翘（前脚掌在板外），侧向站立，膝关节微屈，肩对滑行方向。利用向前滑行的速度，身体前倾（向脚尖方向）。前腿逐渐抬起，重心后移，板头翘起，板尾拖地，板尾和后脚的前脚掌着地，身体带动板转体 180 度，使运动停止。转体时上体保持正直。

练习提示：重心前倾，同时移至板尾腿上膝关节弯曲，转体时上体带动板转动。

练习方法：陆地模仿；在转体方向置标志物，使练习者主动看标志物，上体带动板转体，运用信号，教练在运动员要转体时喊口令或喊动作要点，使练习者按技术要求练习。

❖ 急停

急停是运用特定技术使运动急剧停止的动作。

1. 转体 90 度

急停（侧滑急停）完成方法：以反向转体 90 度急停为例。左脚踩板上前桥稍前，右脚踩板尾后翘，膝关节微屈，肩对滑行方向。向前滑行时迅速下蹲，脚用力踩板，臀部后坐、重心后移，上体稍前倾。左脚向后，右脚向前猛然平拉与平推，身体带动板快速转体 90 度，利用轮与地面的摩擦使运动急剧停止。重心后移越大，急停越快。转体 90 度急停包括两种方式：正向急停（板头转向足尖方向）、反向急停（板头转向足跟方向）。

练习提示：两腿迅速下蹲，脚用力踩板，重心后移、臀部后坐；一脚平推、一脚平拉；上体带动板转动。

练习方法：陆地模仿、上板练习、利用信号或标志物。

2. 跳转 180 度急停

完成方法：跳转 180 度急停又称为小跳急停，以右脚在前为例。右脚踩板中，左脚足跟踩板尾后翘，重心在两脚之间，膝关节微屈。向前滑行时身体前倾，重心后移，右腿上抬，使板头翘起，向上跳起，左脚前脚掌向后拨板，上体带动下肢转体 180 度，使运动急剧停止。

练习提示：动作快速完成，幅度不宜过大。

❖ 跳跃

跳跃类动作分为一般跳跃和带板跳跃两大类。障碍滑板通常运用带板跳跃。

1. 一般跳跃

（1）跳转 180 度

跳转是借助于滑行速度，人在板上跳起绕纵轴转体 180 度或 180 度以上的动作。

完成方法：两脚一前一后站立于板中，膝关节微屈侧对滑行方向。逐渐转向胸对滑行方向，两脚蹬板向上跳起，上体姿势不变，下肢迅速转动 180 度，落板时顺势屈膝。

练习提示：跳转的速度要快，动作幅度不宜过大，跳起脚稍离板即可。转动时上体保持正直，胸对滑行方向。

练习方法：跳转动作简单，可直接在板上练习。

（2）冲板

冲板是板向前移动时人从地上跳上板，并使板加速滑行的动作。

完成方法：首先施力于板，使滑板向前移动，人在地面上向前跑动。向前跑动时，身体保持正直，目视前方，跑动到板后 1/3 处时，外侧脚在板的侧面蹬地，向上跳起，脚略领先于身体，重心稍后，两脚同时落在板中。练习时身体要保持正直，若身体前倾，跳起落板，脚给板一个向后作用力，同时板给身体一个反作用力，使人体向前摔倒。若身体过仰，脚给板一个向前的力，同时板给人体一个向后的反作用力，人体便向后摔倒，因此练习时注意重心的位置。

练习提示：身体保持正直，脚略领先，重心稍后，落板时顺势屈膝。

练习方法：陆地模仿、慢速跑动跳上板、正常速度跳上板。

（3）穿越

穿越是滑行中板从障碍物下穿过，人跳起越过障碍后落在板上的动作。当遇到与地面有一定距离时，采用穿越动作。穿越障碍时可根据障碍的高低，采用不同的开始姿势、蹬地力量和空中身体姿势。

障碍物较高可采用深蹲的开始姿势。跳起时身体稍前倾，空中身体姿势是大腿尽量靠近胸部。障碍物较低时，采用膝关节微屈的开始姿势。向上跳起时身体保持正直，跳起后大腿自然上抬。

完成方法：基本姿势站立，遇到障碍时，转向胸对滑行方向，下蹲向上跳起，大腿上抬，人体从障碍上越过，板从障碍下穿过，越过障碍物后，腿逐渐下伸，落板时顺势加深膝关节的弯曲。

（4）蹲跳

蹲跳是跳跃类动作的基础动作。主要在斜板、出发台和花样滑板上练习。利用蹲的姿势可进行各种动作。

完成方法：基本姿势站立，借助于滑板速度下蹲，手在体前或体后握板，重心在两脚之间，用力向下踩板，向上跳起，重心逐渐升高，手提板，大腿尽量上抬靠近胸部。伸膝，着陆时顺势加深屈膝。

练习提示：腿蹬伸后快速上提，大腿尽量靠近胸部；向上起跳时配合摆臂。

练习方法：原地蹲跳、滑行蹲跳。

2. 带板跳跃类动作

带板跳是障碍运动的最基础、最重要的技术之一。带板跳是用脚带动板跳起，使人、板腾空的动作。带板跳跃类动作通常采用的脚位是，一脚踩板中，另一脚的前脚掌踩板尾后翘下蹲，下蹲的深度与动作难度相关，动作难度大，蹲的深度就大；动作难度小，蹲的深度就浅。带板跳可单独作为一个动作，也可作为连接动作。如带板跳倒板、带板跳转体 180 度、带板跳滚板、带板跳绕脚等。

（1）带板跳

完成方法：带板跳采用带板跳类动作的通常站位方法。板尾脚的前脚掌用力踩板，并逐渐蹬伸，随之重心上升，同时臂上摆，前腿迅速上提，板头翘起，板尾触地，前脚内翻。后腿继续蹬伸，重心逐渐上升。

带板升空：前腿与臂快速上摆，后腿蹬伸，尽量向前上方跳起，用前脚的前外侧将板带向空中；准备平拉：板升空后，腿继续上提，准备将前脚移过前桥，将板拉平；平拉移位：前脚的前外侧触板腿向前踢出，使板与人体一起向前运动，将前脚滑过前桥，双腿呈蹲式，使板尾部上升，直至板与地面平行状态；移位下压：前脚至板上前桥，随之腿下压，逐渐伸膝。

下降着陆：腿下伸，板与人体逐渐下降，着陆时顺势加深膝关节的弯曲，从前脚着板过渡到全脚，来缓冲着陆时的冲击力。

练习提示：后腿的蹬伸要充分，前腿尽量上提，蹬地、摆臂、摆腿应协调配合；前脚内翻，用脚的前外侧带板并使板向前移位，前腿向前踢出；落地时屈膝缓冲，由前脚掌着板过渡到全脚掌。

易出现的错误：向前上方跳得不够，空中没有前踢腿动作，落地时脚脱板。

练习方法：陆地模仿、原地板上练习、模仿与板上练习相结合、滑行练习带板跳动作。

（2）反向带板跳

反向带板跳是向前滑行向相反的方向做动作，也称为前滑后跳。技术与带板跳相同。

（3）带板跳转

带板跳转是用脚带板向上跳起，转体：90 度、180 度、360 度、540 度、720 度以上的动作，也可带板转体跳跃障碍。带板跳转可正向转体，也可反向转体。下面以反身带板跳转 180 度为例。

完成方法：以右脚在前为例。带板跳站位姿势深蹲，左脚的前脚掌用力踩板，腿逐渐蹬伸，右腿上提，右脚内翻，右脚的前外侧触板，大腿迅速上提。板头翘起，板尾着地，臂上摆。重心后移，上体稍后仰，上体带动下肢向右转动。左脚继续蹬伸并蹬离地面，上体带动板向右转体 180 度。右腿前踢使板平拉，重心前移，两脚分别至两桥板面的上方，两腿下压向下伸膝。前轮先着陆，再过渡到后轮，着陆时顺势缓冲。

练习提示：蹬地腿应充分蹬伸，脚蹬离板面的同时上体带动下肢转体。

❖ 倒板

倒板是障碍滑板的基础动作和重要技术动作之一。倒板是利用脚或手使板沿水平方向转动 180 度或 180 度以上的动作。它可分为脚倒板和手倒板两大类。手倒板主要是腾起、起板以及跳起后用手使板沿水平方向转动。倒板可单独成为一个动作，也可与其他动作组合成新动作。如带板跳倒板、带板跳倒板转体等动作。在下面的动作介绍中，凡用脚带板的动作，我们不特别指明。如果是手倒板，则加以指明。

1. 走步倒板

走步倒板是用上体带动板，使板沿水平方向转动 180 度，形似走步。走步倒板通常连续完成。

完成方法：左脚踩板上前桥稍前，右脚踩板尾后翘，侧向站立，肩对滑行方向。重心前移，身体转向胸对滑行方向。重心继续向左脚方向移动，并移至左腿上，后轮抬起，以左脚为支点，上体带动板向左转体 180 度，右肩对滑行方向，后轮着地（完成一步）。重心

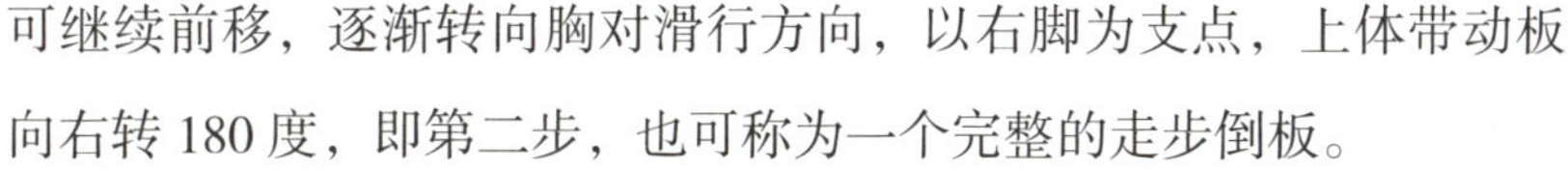

可继续前移，逐渐转向胸对滑行方向，以右脚为支点，上体带动板向右转 180 度，即第二步，也可称为一个完整的走步倒板。

练习提示：转体时应以上体带动板转动；上体与腿的动作不要脱节，身体看似一整体；重心的移动始终向前。练习时易出现停顿，转体时上体保持正直。

练习方法：陆地模仿、上板练习。

2. 滚动倒板

滚动倒板是用上体带动板，使板沿水平方向转动 360 度，形似一物体在一平面上滚动。

完成方法：以左脚在前为例。左脚踩板上前桥稍前，右脚踩板尾后翘，膝关节微屈，肩对滑行方向。首先重心前移，随之胸转向滑行方向，重心移至左脚，右脚轮抬起，以左脚为支点，上体带动下肢转体 180 度，重心继续前移至右脚，背部逐渐转向滑行方向，上体带动下肢继续向左转 180 度，完成一个滚动倒板。

练习提示：转体时以上体带动下肢（板）转动，重心随之前移，不要停顿。

易出现的错误：一个滚动倒板动作出现分解；转体时上体扭转，上体与下肢不是一整体；重心不移，或前移不够，出现停顿。

3. 扭动倒板

扭动倒板是利用髋关节的扭转，使板沿水平方向转 180 度的动作。

完成方法：以右脚在前为例。左脚踩板中，足尖正对滑行方向，右脚脚尖内扣（与滑行方向垂直）踩板头，左臂在前，右臂在侧，胸对滑行方向，膝关节微屈。重心前移，右臂后摆，右髋部对滑行方向。以右脚为支点，左脚轮微抬，利用髋关节的扭转使板右转 180 度，转体时两臂自然摆动。转体时速度快、动作小。

易出现的错误：髋的扭转慢。

4. 跳倒板

跳倒板是跳起脚使板沿水平方向转 180 度或 180 度以上的动作，可分为正向跳倒板和反向跳倒板。前脚向前踢出，使板头向脚尖的方向转动为正向跳倒板；前脚向后踢出，使板头向足跟的方向转动

为反向跳倒板。不指明方向时均为正向。跳倒板动作有 180 度跳倒板、360 度跳倒板、720 度跳倒板、带板跳倒板等。

（1）180 度跳倒板

完成方法：以左脚在前为例。左脚踩板头，右脚踩板尾，脚尖侧对滑行方向，膝关节微屈，重心在两脚之间。用力踩板，重心稍前移，后轮微离开地面，右脚向后踢出，随之左脚蹬板面，左脚向前平踢，使板沿水平方向转 180 度。两脚自然分开落在板上，着板时顺势屈膝，使板沿水平方向转 180 度。两脚自然分开落在板上，着板时顺势屈膝。

练习提示：脚踢出时应平踢，加大板与脚的摩擦；动作迅速、果断。

练习方法：陆地练习、板上练习。

（2）带板跳倒板 180 度

完成方法：以左脚在前为例。带板跳脚位深蹲，右脚用力踩板，同时，左腿上提，脚前外侧触板。臂上摆，板头翘起，板尾着地。臂继续上摆，右脚充分蹬伸，并蹬离地面，同时左腿上提，脚的前外侧带板进入腾空阶段。大腿尽量上抬靠近胸部，右脚在板尾内向前推板，使板沿水平方向转动 180 度，身体随之前移，进入下降阶段，腿逐渐下伸，脚分别置板上前后桥的上方，继续下伸，着陆时顺势加深膝关节的弯曲。

练习提示：后脚充分蹬地，前腿上抬结合摆臂；前腿向上带板同时后脚至板尾内侧；空中大腿尽量上抬靠近胸部，逐渐伸膝；落地时顺势屈膝缓冲。

练习方法：在掌握带板跳和跳倒板的基础上进行陆地模仿练习、原地板上练习、滑行练习。

❖ 滚板

滚板是利用手或脚拨板，使板沿纵向滚动 360 度或 360 度以上的动作。它包括前滚板和后滚板，前滚板是脚拨板后，板沿纵向向外滚动；后滚板是脚拨板后，板沿纵向向内滚动。板的滚动通常以 360 度为一周。滚板可做在板上直接跳起的滚板动作，也可利用带板跳做滚板动作，如带板跳前滚板、带板跳后滚板、反向带板跳滚板、带板跳脚钩板滚板、带板跳倒板滚板、带板跳脚蹬板钩板滚板。下面介绍带板跳前滚板。

带板跳前滚板一周完成方法：以左脚在前为例。采用带板跳站位深蹲，右脚用力踩板，腿逐渐蹬伸，左腿上提，右脚蹬离地面，左脚内翻，左脚前外侧触板，同时向上带板，左腿迅速向前踢出，用脚的前外侧拨板，使板向外翻滚一周。同时右腿上抬，重心上升，两腿尽量靠近胸部，逐渐伸膝，板着陆时顺势屈膝。

练习提示：蹬地腿充分蹬伸；左腿上提到接近最高点时，用脚的前外侧迅速向前拨板；空中大腿上抬；着地时顺势缓冲。

练习方法：模仿练习、原地练习。

❖ 绕脚

绕脚是利用脚或手使板沿横向转动。绕脚包括前绕脚和后绕脚。前绕脚是板围绕脚向滑行方向转动，后绕脚是板围绕脚向滑行的反方向转动。绕脚可直接跳起做绕脚动作，也可做带板跳绕脚动作，利用带板跳绕脚可跳跃各种障碍，如带板跳前绕脚、带板跳后绕脚、倒板 180 度绕脚等动作。下面以带板跳前绕脚一周为例，进行讲解。

完成方法：带板跳脚位深蹲。后脚用力踩板，腿逐渐蹬伸，前腿上提，脚内翻，臂上摆，板头翘起，板尾着地。后脚蹬伸并蹬离板面，前腿上提向上带板，进入腾空阶段。前脚由内向外绕，使板由脚内侧经脚背、脚外侧至脚掌，两腿上提，尽量靠近胸部，绕脚一周时两腿逐渐下伸，脚至板上前后桥的上方，腿继续下伸，着陆时顺势加深膝关节的弯曲。

练习方法：将板悬挂稍倾斜，高度略高于膝关节，练习者一腿站立，绕板脚在板上，进行脚绕板练习；陆地模仿；上板原地练习；滑行练习。

特定器材上的动作

❖ 大跳台

上：由地面或特定器材较低的部位移动到较高的部位。

下：由特定器材较高的部位移动到较低的部位或地面。

滑上滑下是障碍滑板特定器材最基本的技术，用于斜板、各种跳台、金字塔。它包括两种方式：蹲立滑上滑下和站立滑上滑下。蹲立滑上滑下用于蹲跳类动作和腾起类动作；站立滑上滑下用于除了以上两类动作外的其他动作。如滑上转体 180 度下（转身下）、滑上倒板下、滑上带板跳等动作。

1. 站立滑上滑下

完成方法：右脚单脚蹬地向前滑行，使板产生向前移动的速度，右脚侧向落在板上后桥稍后，左脚调整为转向侧对滑行方向，踩在板上前桥，膝关节弯曲。向前滑行接近器材时脚向下踩板，重心逐渐向后（右脚方向）移动，两腿向上带板上滑时重心继续后移。当板头接近器材的上沿时，顺势滑下。重心向左脚方向移动，当接近地面时加深膝关节的弯曲。

2. 蹲立滑上滑下

完成方法：左脚脚尖正对滑行方向；左脚踩在前桥板面稍后，右脚蹬地向前滑行，使板产生向前移动的速度，脚位调整到左脚踩前桥板面上稍前，右脚踩板尾后翘稍前，脚尖侧对滑行方向深蹲向前滑行。当接近器材时左手在体后握板，脚向下踩板，两腿向上带板，重心逐渐向右脚方向移动滑上器材。上滑时重心继续后移，当板头接近器材的上沿时，重心向左脚方向移动顺势滑下。

3. 滑上卡轴下

卡：凡是由轴卡在特定器材上为卡。卡轴分为卡前轴、卡后轴、卡双轴。

完成方法：单脚蹬地起滑，基本脚位站立。左脚在前，右脚在后，当滑至接近器材时，脚向下踩板，逐渐转向胸对滑行方向，重心逐渐后（右）移，两腿上提上滑。当板头接近器材上沿时，前腿稍抬，前轴卡在器材上沿，前腿上抬使板头抬起，重心逐渐前（左脚方向）移滑下，上体逐渐转向肩对滑行方向。着陆时顺势屈膝。

4. 滑上探板下

探板是使板超越器材或身体。

完成方法：单脚蹬地起滑，左脚在前、右脚在后的基本脚位站立，采用站立滑上的技术上滑。头转向滑行方向，板滑至器材上沿时重心继续后移，后脚用力踩板使板继续向前滑动，板向前探出，板中至器材上沿。重心稍前移（左脚方向），板下滑，头逐渐转向滑行方向。重心继续后（左脚方向）移，着陆时顺势屈膝。

5. 滑上搭前轴转体 180 度滑下（转身下）

搭：用板头轻轻落在器材上为搭。

完成方法：单脚蹬地起滑，右脚在前、左脚在后的基本脚位站立。

头逐渐转向滑行方向，利用站立滑上技术上滑。当板头接近器材上沿时，头逐渐回转，肩对滑行方向。前腿上抬使板头抬起，前轴轻轻搭在器材上沿，上体向左转动，前腿上抬，以后轮为支点，上体带动板转体 180 度，重心逐渐后（左脚方向）移，下滑时逐渐转向肩对滑行方向。着陆时顺势屈膝。

❖ 斜板

在斜板上可完成陆地上的各种动作，如滑上倒板下，滑上 180 度跳倒板下、滑上带板跳下、滑上带板跳转等动作。滑上滑下时通常采用站立式滑上滑下技术。

1. 滑上转体 180 度滑下（滑上转身下）

完成方法：单脚蹬地起滑，左脚在前，右脚在后，基本脚位站立。利用站立滑上技术上滑，头转向面对滑行方向，上滑至板头接近器材上沿时，上体向右转动，前腿上抬使板头翘起，以后轮为支点。上体带动板向右转体 180 度，下滑，重心逐渐后移，上体逐渐转向肩对滑行方向，着陆时顺势屈膝。

2. 滑上蹲跳下

完成方法：单脚蹬地起滑，采用蹲立滑上的技术上滑。滑至板头接近器材上沿时，脚向下踩板并向上跳起，重心上提。大腿尽量靠近胸部，手向上提板。下降时重心前移（内板尾脚）落至坡面，采用滑下技术下滑，逐渐转向肩对滑行方向。

3. 滑上蹲跳 180 度下

完成方法：单脚蹬地起滑，利用蹲立技术滑上，当滑至一定高度时两脚用力踩板并向上跳起，重心上提，上体带动板向左（向右）转体 180 度。随之重心后移落至斜板的坡面上，顺势加深膝关节的弯曲（采用下滑技术滑至地面）。

❖ 小跳台

在小跳台上主要完成各种腾起动作。腾起：利用跳台或U形坡道使身体腾空为腾起。

1．蹲腾起

完成方法：单脚蹬地起滑，采用蹲立滑上技术，左脚在前，右脚在后，采用蹲立滑行的技术上滑。当板头接近器材上沿时，两脚用力蹬地向上跳起，两腿上提，身体向上腾起，腾起时重心上升，大腿尽量靠近胸部，左手向上提板到最高点时进入下降阶段逐渐伸膝。着陆时顺势屈膝，手离板。

2. 腾起展腹

利用特定的器材，使身体腾起，空中腹部展开的动作。

完成方法：一手在体后握板，采用蹲立滑上技术滑上器材。当板头接近器材上沿时两脚蹬板向上跳起，重心上提，腾起后右臂上摆，小腿尽量后屈，展腹，到达腾起的最高点时腹部充分展开进入下降阶段，大腿迅速收至胸前。下降时逐渐伸膝，着陆时顺势加深膝关节弯曲。在展腹时空中停留时间稍长。

3. 腾起转体 180 度

利用特定的器材，使身体腾起，身体带动板转体的动作。

完成方法：左脚在前、右脚在后的基本脚位，利用蹲立滑上技术滑上器材。当滑板滑至器材的上沿时，两脚用力蹬板向上跳起，两腿尽量上抬，身体腾起，身体带动板向右转体 180 度，身体在空中呈深蹲的姿势。进入下降阶段，逐渐伸膝。板着陆时顺势屈膝，手离板。

4. 腾起手倒板 180 度

完成方法：以右脚在前下蹲为例，利用蹲立滑上的技术上滑，左手在体前外侧握板。滑至板头接近器板上沿时，脚用力踩板并向上跳起，身体腾空，两腿尽量上抬，左手快速使板沿水平方向转动 180 度，脚分别至桥上板面，下降时逐渐伸膝，着陆时顺势屈膝。

❖ 出发台

1. 蹲跳转体 90 度卡轴，跳转 90 度下

完成方法：单脚蹬地起滑，基本脚位蹲立，手在体后握板，采用蹲立滑上的技术上滑，当板头接近器材上沿时，脚向下踩板，用力蹬地向上跳起。身体带动板正向（反向）转体 90 度，轴卡在器材的上沿。向上跳起身体带动板转 90 度，重心后移滑下。滑下时重心

逐渐上升，着陆瞬间加深关节的弯曲。

2. 带板跳踩板下

完成方法：单脚蹬地起滑，右脚在前，左脚在后，带板跳板脚位蹲立，利用站立滑上技术上滑。接近器材上沿时，左脚用力踩板并逐渐蹬伸，同时，右脚内翻，前腿上提，臂上摆。左脚蹬离地面的同时前腿快速上提向上带板，进入腾空阶段。大腿上抬尽量靠近胸部，右手在体后握板，右脚向下踩板，右脚下板低于左脚下板，重心稍向右脚处移。进入下降阶段后逐渐向下伸膝，板下落出发台地面时顺势屈膝，利用滑下技术滑至地面。

3. 板跳卡轴跳下

完成方法：带板跳脚位站立。采用站立滑上技术上滑。当板头接近器材上沿时，后脚踩板，前脚内翻。前腿上提，同时重心前移，臂上摆，后脚蹬离地面向上跳起，前腿向上带板。前脚移位至桥上板面，后轴下落卡在器材上沿，随之跳起下落台面。采用滑下技术下滑，着陆时顺势屈膝。

❖ 双肋杠（钢轨、模拟手扶梯）

在双肋杠上可完成各种骑的动作。骑：利用滑板各部在钢轨、手扶梯、双肋杠等器材上，横向或纵向移动。骑包括骑肋、骑轴、骑板头、骑板尾。骑可分为两类：正骑和反骑。滑板在器材上移动时，面向滑行方向做骑的动作为正骑，反之为反骑。从地面跳上器材有两种起跳方式：一是后脚用力踩板、前腿上抬，使板头翘起，板尾着地，利用板尾的反弹跳上器材；二是带板跳跳上器材。起跳方式的选择可根据器材与地面的距离。与地面距离较大时，采用带板跳的方式。跳上器材时，可从器材的一端跳上或从器材侧面跳上。从器材下落至地面有两种方法：一是从器材的另一端下落至地面；二是从器材侧方下落至地面。

1. 骑肋

（1）骑肋

骑肋是利用滑板肋部在特定器材上，板横向移动的动作，它包括正骑肋和反骑肋，如果不特意指明即为正骑肋。

完成方法：右脚在前的基本脚位站立，借助于向前滑行速度侧向滑行背对器材下蹲。选用第一种起跳方式，起跳时重心稍后移，身体带动板转 90 度正直向前滑行。滑至器材的另一端时，重心稍下降，两脚蹬地向上跳起，使板向左转 90 度，板头对滑行方向，下降时逐渐伸膝，着陆瞬间加深膝关节的弯曲。

（2）反骑肋

完成方法：以左脚在前为例。基本脚位站立，侧向滑行，胸对器材下蹲。采用第一种起跳方式，重心稍前向上跳起，身体带动板右转 90 度，板的肋部搭在器材上，膝关节弯曲，背对滑行方向。滑至器材

另一端时，以肋部为支点，两脚向下踩板向上跳起，同时身体带动板转动，使板转90度板头对滑行方向下落，并逐渐伸膝。着陆时顺势屈膝。

（3）转体180度反骑肋

完成方法：右脚踩板头，左脚踩板中，正对器材的一端向前滑行，右脚用力踩板，左腿上抬后轮抬起，以前轮为支点，左脚内翻臂上摆，身体带动板向右转动，右脚蹬离地面，身体转板右转180度，面向滑行方向。左脚向前上方带板，上体带动板右转90度（运用反骑肋技术），背向滑行方向，板的肋部落至器材，向前滑动。滑至器材的另一端时脚向下踩板，向上跳起，身体带动板转90度，下落至地面。

2. 骑板头（板尾）

完成方法：右脚在前侧向，胸（背）对器材向前滑行下蹲，重心稍前，选用一种起跳方式跳起，身体带动板转90度，板头（板尾）落在器材上，正或反骑板头（板尾），以板头（板尾）为支点，向上跳起，转体90度跳下。板着陆时顺势加深膝关节的弯曲。

3. 骑轴

利用滑板的轴在特定器材上纵向移动为骑轴。

（1）骑轴

完成方法：带板跳脚位站立，板的一端正对器材方向向前滑行，下蹲，利用带板跳方式重心稍后跳上器材，两轴接触器材向前滑行。滑行时膝关节微屈，重心稍后。向前滑动至器材另一端时，前腿上抬，板头抬起（或后腿上抬，板尾抬起），脚蹬板从器材上跳下，下落至地面，下落时逐渐伸膝。板着陆时顺势加深膝关节弯曲。

（2）骑后轴

骑后轴是利用后轴在器材上滑行。

完成方法：板的一头对器材向前滑行，采用带板跳方式跳上器

材。重心稍后，后轮落至器材上向前滑行。滑行中身体重心极为重要。身体重心过前，前轮着地；身体重心过后，板尾触器材还易摔倒。因此，在练习中注意控制身体重心。滑至器材另一端时，后脚向下，一踩板，前腿上抬带板下落。骑后轴还可做双轮滑骑后轴动作，开始到结束始终是双轮滑行，这更需要身体的调控能力。

❖ 金字塔

金字塔是由四个斜面坡道和两个长方体基、塔顶构成。因此在塔上可做跳上、跳下，可在同一坡道上跳上跳下，也可在一坡道上跳起后落在相邻的坡道上。

1. 带板跳开脚下（以右脚在前为例）

完成方法：以右脚在前、左脚在后的基本脚位站立，在金字塔

面上向前滑行，调整到带板跳脚位深蹲，左脚用力踩板，右腿上抬，板尾触地，左脚蹬离地面，右脚内翻向上带板，上体含胸、体前握板。左腿向侧举起，身体向前移动，腿收回至板上进入下降阶段，逐渐伸膝落至坡道上，顺势屈膝。

2. 带板跳手滚板 360 度、转体 180 度滑下

完成方法：在塔面上向前滑行，右脚在前带板跳脚位蹲立。左脚用力踩板，腿逐渐蹬伸，同时右腿上提脚内翻，臂上摆。左脚蹬地并向上跳起，前腿向上带板，右手握板头，大腿尽量上抬靠近胸部，右手向上提板，手滚板 360 度。同时身体带动下脚转体 180 度。左脚在前、右脚在后分别落至桥上板面，下降逐渐伸膝，板着坡面时顺势屈膝。

❖ 垂直壁

在垂直壁上主要完成滑行动作技术。它是花样滑板的基础，掌握垂直壁的滑行有利于花样滑板的学习。

完成方法：单脚蹬地起滑，基本脚位蹲立。滑至接近器材时脚用力向下踩板，同时两腿上带，上滑时重心稍后移，胸逐渐转向滑行方向，臂上摆带动身体向上移动。大腿上抬尽量靠近胸部上滑，顺势下滑，重心后移。

第九章

花样滑板的基本技术和练习

花样滑板是滑板运动竞赛项目之一。它是在特定的器材（U形坡道）上进行运动，包括滑行类动作、卡类动作、骑类动作、起板类动作和腾起类动作，但主要以卡类动作和腾起类动作为主。

滑行

滑行是花样滑板最基本的技术。起滑时通常站在U形池的台面，从上向下滑行，使人体获得较大的速度。滑行的方式有两种：一是半蹲滑行，二是深蹲滑行。利用何种滑行方式取决于具体的动作。起滑时通常站在U形池的台面上，板尾搭在池边，从上向下滑行，使人体获得较大的速度。

完成方法:板尾搭在池边,侧向站立,眼看滑行方向,左脚踩板尾，膝关节微屈，重心在左脚上;右脚抬起，脚踩在前桥板面上，重心逐渐上升，滑至池底呈半蹲姿势。进入上滑阶段，上滑时重心稍后移，臂上摆。身体逐渐抬起，重心逐渐升高。上滑接近U形池上沿时大腿上抬尽量靠近胸部，重心降低。随下滑，重心稍后移。

卡类动作

在U形池上可做各种卡类动作，下面仅介绍蹲跳转体90度卡轴跳转90度一种。

完成方法:左脚在前、右脚在后的基本脚位深蹲，重心后移上滑。接近器材上滑时，左手在体后握板，重心稍前倾，两条腿向上跳起，抬手提板。脚蹬离地面后身体带动板左转90度，随之两只脚蹬地向上跳起，身体带动板转90度，前轴卡在U形池的上沿。重心稍后移下滑，下滑时逐渐伸膝。

腾起类动作

腾起类动作是花样滑板比赛中独具特色的动作，滑板者腾起后凌空翻转、翻腾，难度较大，需要较强的身体控制能力和空中感觉，具有较强的观赏性和刺激性。滑板者腾起后可做腾起展腹，开脚，倒板，腾起转体 360 度、540 度、720 度甚至更多，下面介绍腾起转体 180 度下动作。

完成方法：右脚在前、左脚在后的基本脚位，利用 U 形池的下滑技术下滑。上滑时重心后移，上滑接近 U 形池的上沿时右手在体后握板，身体向足尖方向倾斜。利用上滑的速度两脚蹬地向上跳起，身体腾起后带动板向左转体 180 度。转体时两腿尽量靠近胸部，完成转体时逐渐向下伸膝，重心稍后，落至坡面时顺势屈膝，下滑时重心逐渐升高。

自选滑板动作练习

❖ 起板跳上板

起板跳上板是指使板抬起再跳上板的动作。起板的方式有两种：一是利用板尾的反弹，手提板使板抬起；二是一脚在板上，另一脚在板下，下蹲，手提板，使板抬起。起板跳上板动作可原地起板后跳上板，也可跑动起板跳上板。起板后可做各种动作，如转体、手板等动作，但最终以跳上板为结束。手提板的方式有手握板头、手握板侧。可单手或双手提板。

1. 基础起板跳上板

完成动作：侧向站立，右脚踩板中，左脚踩板尾后翘，膝关节微屈，左脚用力猛然踩板，使板尾突然着地，同时右腿上抬，脚内翻，脚外侧触板，并向前上方带板，同时右手握板头。左脚落于地面，逐渐蹬伸向上跳起。右手向上提板，两腿上抬尽量靠近胸部，身体呈分腿蹲的姿势，脚分别置桥上板面的上方，逐渐伸膝，板着陆时顺势屈膝。

2. 起板跑动手倒板 180 度跳上板

完成方法：开始姿势侧向站立，右脚踩前桥板面上，左脚踩后桥板面上，胸对滑行方向下蹲，右脚下落至地面，右手在体前掌心向内握板并向前上方提板，左腿上抬，右腿逐渐蹬伸，左脚离板下落，右脚向前跑动。跑动 3 步同时右手倒板 180 度。左腿蹬地向前上方跳起，右腿向前上方摆动，大腿尽量靠近胸部，同时右手回收、两脚分别落在前后桥板面上。腿逐渐下伸，着陆时顺势加深膝关节的弯曲。

3. 手后撑起板转体 180 度跳上板

完成方法：左脚踩板中，右脚踩板尾后翘下蹲。左手在体后握板，右脚下落至地面，右手后撑地面，重心后移至支撑臂上，左手向上提板，右脚逐渐蹬伸，上体带动板向右转动，左腿大腿上抬，脚继续蹬伸并蹬离地面，身体带板转 180 度。右脚蹬地后大腿尽量上抬靠近胸部，脚分别落置前后桥板面上。逐渐伸膝，着地时顺势屈膝。

❖ 滚板跳上板

1. 手滚板跳上板

完成方法：两脚前脚掌踩板尾后翘，使板头翘起，一手扶板头，下蹲，脚用力踩板，逐渐伸膝，重心升高，向上跳起，同时手拨板使板翻滚。身体进入腾空状态。大腿上抬尽量靠近胸部，板滚动一周。当板面向上时，逐渐伸膝。着陆时加深膝关节的弯曲，降低重心。手滚板可滚板 360 度、720 度甚至更高。

2. 脚钩板滚板

完成方法：右脚踩板尾后翘，使板头抬起，左脚在板下钩板。下蹲，右脚用力向下踩板，右腿逐渐伸膝，左腿上提，同时臂上摆，右脚向上跳起的瞬间左脚钩板使板向前翻滚，两腿上抬，尽量靠近胸部，当板翻滚至板面向上时（一周至两周）腿逐渐下伸，左脚在前桥板面的上方，右脚落在后桥板面的上方，着陆时顺势屈膝。

3. 一脚踩轴骑板滚板跳上板

完成方法：左脚踩板尾后翘，板头抬起，右手握板头，右脚脚尖点地。右腿向后摆动，左脚下蹲，用力踩板，右腿向前上方摆动，右手用力撑板头，左脚向上跳起踩轴，板尾支撑地面，右腿靠近左腿向外绕，两腿夹板，手握板头，左脚用力向下踩轴，腿逐渐蹬伸，右膝大腿上提，重心稍左移，左脚跳起，腿尽力上抬，同时，手拨板使板翻滚一周，腿逐渐下伸，板着陆时顺势加深屈膝，重心降低。

❖ 翻板

翻板是利用手或脚，使板翻转 90 度及 90 度以上的动作。板翻 360 度为一周。

1. 手倒立手翻板两周跳上板

完成方法：侧向站立，下蹲，两手在同一方向撑板，一腿向后上方摆动，另一脚蹬地，在板上成手倒立，两手推板的同时翻板，使板翻转两周，两脚下落随之至地面跳起，分别落至两桥的板面上。

2. 脚翻板一周

完成方法：正向站立，两脚分开平行站立于板中。左脚踩板边，右脚足跟踩板，足弓靠板边，下蹲，重心向左移并移至板外，左腿逐渐踢伸并蹬离地面。右脚翻板使板滚动一周，两腿上抬，下降时逐渐伸膝，着陆时顺势加深膝关节的弯曲度。

❖ 各种跳上板的动作

1. 剪脚跳

完成方法：基本姿势站立后深蹲，板尾脚用力踩板并逐渐蹬伸，板头脚上，板头翘起，同时手握板头，后脚蹬离地面向上蹬起，同时手提板。大腿尽量上抬靠近胸部。一腿向前踢，另一腿向后踢，两腿迅速分开，腿迅速收回至板上，逐渐伸腿下落至板上。

练习提示：向上跳起后，大腿迅速上抬后小腿分别向前、后踢出。

练习方法：陆地练习、上板练习。

2. 蹲跳手倒板 180 度

完成方法：滑板基本脚位深蹲。手在体后握板，后脚用力踩板，逐渐蹬伸，同时前腿上板头翘起，后脚用力下蹬向上跳起，上体含胸，大腿上提靠近胸部，手迅速倒板 180 度。逐渐伸膝，板着陆时顺势屈膝。

练习提示：向上跳起时含胸，后脚充分蹬地，注意手倒板的时机。

练习方法：原地后脚踩板，手握板头向上跳起，滑行蹲跳手倒板练习。

3. 踩后轴手倒立翻板跳上板

完成方法：板尾撑地，右脚踩下轴，左腿附着在右腿侧。左手握板头，右手撑上轴，左腿后摆，右脚蹬轴，右腿并于左腿侧成倒立姿势。脚下落时，手用力向下推，并快速翻板，迅速收腿至板面上方。下落时身体向前倾，着陆时顺势屈膝。

4. 踩后轴夹板小跳跳上板

完成方法：右脚踩板尾，使板尾着地，板头翘起，左手握板头，左腿在右腿侧，右脚弯屈向上跳起使板的一端着地，左脚踩后轴，脚上抬，右腿靠近左腿，向外绕，脚踩板面夹板，同时转 90 度，夹板向上两次小跳。两手扶板头，右腿上提在左脚侧，左脚向上踩轴，向上跳起同时手翻板，使板面向上，大腿上抬，两脚分别落在桥面的位置。

5. 脚钩板绕脚一周跳上板

完成方法：右脚踩板尾后翘，板尾着地，使板头抬起，左脚在板下钩板，右腿下蹲，逐渐蹬伸，左腿上抬，右脚向上跳起，同时迅速上抬，右脚从内向外绕，使板从脚内侧经脚背、脚外侧绕至脚掌，绕脚一周。两腿逐渐伸膝下落，着陆时顺势缓冲。

❖ 旋转

身体带动板绕纵轴转动 360 度或 360 度以上的动作。旋转可分为原地旋转和滑行旋转。在旋转时可运用各种姿势完成动作。下面以滑行蹲转 540 度为例。

旋转的脚位包括两种：一种是一脚在板上，另一脚附着在支撑腿的侧方；另一种是两脚均在板上。

滑行蹲转 540 度：

完成方法：以左脚在前为例。左脚踩板上前桥稍前，右脚踩板上后桥稍后，向前滑行、下蹲。右手握板中、左脚下落，身体带动板旋转 540 度。左腿附着在右腿的侧方。

图书在版编目（CIP）数据

轮滑 / 王延光编著. -- 长春：吉林文史出版社，2014.7（2023.6重印）

ISBN 978-7-5472-2228-7

Ⅰ. ①轮… Ⅱ. ①王… Ⅲ. ①滑轮滑冰－基本知识 Ⅳ. ①G862.8

中国版本图书馆CIP数据核字(2014)第133993号

轮滑

LUNHUA

出 版 人　张　强
主　　编　周殿学　周洪生
编　　著　王延光
责任编辑　王　新
封面设计　袁　野
出版发行　吉林文史出版社
地　　址　长春市福祉大路5788号
网　　址　www.jlws.com.cn
开　　本　720mm×1000mm　1/16
印　　张　12
字　　数　100千
印　　刷　天津市天玺印务有限公司
版　　次　2015年5月第1版　2023年6月第4次印刷
书　　号　ISBN 978-7-5472-2228-7
定　　价　59.80元